»Richtig reisen«

AMSTERDAM

◁ **Übersichtskarte der Innenstadt**

1 Bahnhof
2 Schreiersturm
3 Alte Kirche (Oude Kerk)
4 Stadtwaage
5 Montelbaansturm
6 Neue Kirche (Nieuwe Kerk)
7 Hauptpost
8 Königlicher Palast
9 Nationales Monument auf dem Dam
10 Verkehrsamt VVV
11 Rembrandthaus
12 Mozes und Aaron Kirche
13 Waterlooplein
14 Anne Frank-Haus
15 Westkirche (Westerkerk)
16 Historisches Museum
17 Beginenhof
18 Munt
19 Stadttheater (Stadsschouwburg)
20 Reichsmuseum (Rijksmuseum)
21 Städtisches Museum (Stedelijk Museum)
22 Konzerthalle (Concertgebouw)
23 Schiffahrts-Museum
24 Magere Brücke (Magere Brug)
25 Nordkirche (Noorderkerk)
26 KLM-Terminal
27 Südkirche (Zuiderkerk)
28 Van Gogh-Museum
29 Vondelpark
30 Zoo ›Artis‹
31 Rembrandtsplein
32 Leidseplein

Wer nicht als Freund hier rein 'huppelt'
wird eins, zwei, drei heraus 'geknuppelt'!

»Richtig reisen«

AMSTERDAM

Eddy und Henriette
Posthuma de Boer

DuMont Buchverlag Köln

Im Gelben Info-Teil

Fotonachweis

Archiv DuMont Buchverlag, Köln S. 113, 114, 115, 122
Atlas Gemeente Archief, Amsterdam Historische Aufnahmen
Rijksmuseum, Amsterdam S. 21, 24
Vista Point Verlag, Köln: Andreas Schulz Farbabb. 1, 6–14, 23–34, 39;
Abb. S. 133, 184
Alle übrigen Aufnahmen stammen aus dem Archiv der Autoren
Luftaufnahme auf der Umschlag-Rückseite: KLM-Aerophoto, Schiphol

Übersetzung aus dem Holländischen: Herbert Frank, Amsterdam

Druck: Rasch, Bramsche
Buchbinderische Verarbeitung: Kleins-Druck, Lengerich

Printed in Germany ISBN 3-7701-0702-0

Amsterdam - Informationen

Inhalt

Einleitung

Die Lage Amsterdams ist durch folgende Angabe genau bestimmt: 4° 53′ 48″ östlicher Länge, 52° 22′ 33″ nördlicher Breite.
Die Jahrestemperatur beträgt durchschnittlich 10° C.
Der Luftdruck beträgt durchschnittlich 761 mmHg.
Die Feuchtigkeit beträgt jährlich durchschnittlich 79 %.
Die Niederschläge betragen jährlich durchschnittlich 723 mm.
Im Jahr gibt es durchschnittlich 228 Regentage.
Die Windrichtung ist hauptsächlich südwestlich und südlich.
Die Grundfläche des Stadtgebiets beträgt 21 000 ha.
Die Gemeinde muß 1500 km Straßen und Wege und nicht weniger als 2300 ha Grünanlagen für ihre 707 742 Einwohner instand halten, die 301 939 Häuser bewohnen.
Die 396 Autobusse und 268 Straßenbahnen, 44 Zweiwagenzüge der U-Bahn und 9 Fähren befördern jährlich 222 Millionen Passagiere über eine Gesamtstrecke von 557 km. Daß durchaus nicht alle Amsterdamer von öffentlichen Verkehrsmitteln Gebrauch machen, geht daraus hervor, daß es 575 000 Fahrräder und 204 000 Personenkraftwagen gibt. Nebenher finden 600 Taxis eine Tages-(u. Nacht-)Beschäftigung.

Am schönsten ist Amsterdam über für Fußgänger. Sie können an 160 Grachten entlang über mehr als 1000 Brücken und unter 240 000 Bäumen spazieren gehen, sich auf einer von den 8390 Bänken, zwischen 721 aufdringlichen Tauben auf dem Dam, unter den fröhlichen Klängen von (leider nur noch) 8 Drehorgeln oder 9 Glockenspielen in der Gewißheit ausruhen, daß in diesem Augenblick 199 950 Männer und 87 000 Frauen ihre Arbeit verrichten. Die Stadt hat 186 Kirchen. Täglich werden 10 Ehen geschlossen und 7 geschieden, 20 Kinder geboren und 22 Amsterdamer beerdigt.

Amsterdam ist noch immer eine Handels- und Hafenstadt: Es beherbergt 166 Effektenbüros und 502 Handelsbanken; im Monat laufen durchschnittlich 370 Schiffe 44 verschiedener Nationalitäten den Hafen an.

Auch Kunstliebhaber finden hier, was sie suchen: immerhin 40 Museen, von denen allein das Rijksmuseum jährlich eine Million Besucher zählt. Außerdem warten 7000 Gebäude aus dem 16., 17. und 18. Jahrhundert auf sie.

Amsterdam ist aber auch die allerschönste und mit ihren 114 Nationalitäten verrückteste, fröhlichste und netteste Stadt der Welt. Man muß sie besuchen, aber den Wert des Guldens im Auge behalten. Seit 1200 verminderte die Inflation in Westeuropa den Wert des Geldes um 2 % pro Jahr. So kommt es, daß ein niederländischer Goldgulden aus dem Jahre 1200 jetzt einem Betrag von 879 Nickelgulden entspricht.

Wenn Sie kommen, sind Sie nicht allein, sondern einer von 1,6 Millionen Touristen, die pro Jahr in 18 266 Betten, verteilt auf 272 Hotels, 30 Pensionen, 21 Jugendhotels und 6 Campingplätze, logieren. Mit Ihrem Durst können Sie in eine der 1076 Gaststätten (Cafés) einkehren.
Willkommen!

Die Geschichte von Amsterdam

»Wie viele Schiffe in dem Hafen,
die Schätze bringen früh und spät
aus Indien, dem Orient und Ländern,
wo die Sonn' im Westen untergeht.«
Pieter van Afferden (1560)

Amsterdam ist keine alte Stadt. Von einer menschlichen Siedlung vor dem Jahr 1000 sind nur wenige Spuren erhalten. Auch die Römer trauten sich nie in dieses Moorland. Erst 1275 taucht der alte Name ›Amestelledamme‹ zum ersten Mal in der Geschichtsschreibung auf: am 27. Oktober dieses Jahres erhalten die ›homines manentes apud Amestelledamme‹, also die Bewohner des damals noch zum Bistum Utrecht gehörenden Ortes, von Floris V., Graf von Holland, ein Zollprivileg, nämlich das Recht auf freie Fahrt und Handel mit eigenen Waren in ganz Holland.

Man kann daraus schließen, daß sich in dem Dörfchen mit seinen Fischern, Schiffern und Bauern schon zuvor ein nicht ganz unbedeutender Handel entwickelt hatte, doch über diese Frühzeit ist uns nichts Genaueres bekannt. Wo die Geschichtsschreibung versagt, kommt die Legende zu ihrem Recht. Auf Amsterdamer Geheimsiegeln aus dem 15. Jahrhundert befindet sich die Abbildung von zwei gepanzerten Kriegern auf einer Kogge, die auf dem Heck das Amsterdamer Stadtbanner führt. Daraus entstand die Legende von zwei Fischern, die nach einem heftigen Sturm auf dem Almere (der Zuiderzee, jetzt IJsselmeer) an Bord ihrer steuerlosen Kogge in dem Moorgebiet landen, wo die Amstel in das IJ (die heute durch Schleusen von der früheren Zuidersee abgetrennte Bucht) mündet. Aus Dankbarkeit für ihre Rettung beschließen sie, dort zu bleiben, ihre Familien aus dem Norden nachkommen zu lassen und eine Stadt zu gründen, »die in der ganzen Welt berühmt werden soll und die Krone von Europa tragen wird«. (Die Wetterfahne auf dem Turm des Rathauses, dem heutigen königlichen Palast, hat die Form einer solchen Kogge.)

Ihren Namen verdankt die Stadt dem Damm, der um 1270 entstanden sein muß. Er schied die Amstel von dem ›IJ‹ genannten Zuiderzee-Arm an der Stelle, wo jetzt auf dem ›Dam‹ im Herzen der Stadt das ›Nationale Monument‹, das Gefallenendenkmal, steht. Als 1916 hier für einen Bau, der nie vollendet worden ist, der Boden abgetragen wurde, entdeckte man die Fundamente der Schleusen. Der Damm war für den Handel der kleinen Siedlung von großer Bedeutung, weil die Überseegüter nunmehr in kleinere Binnen-

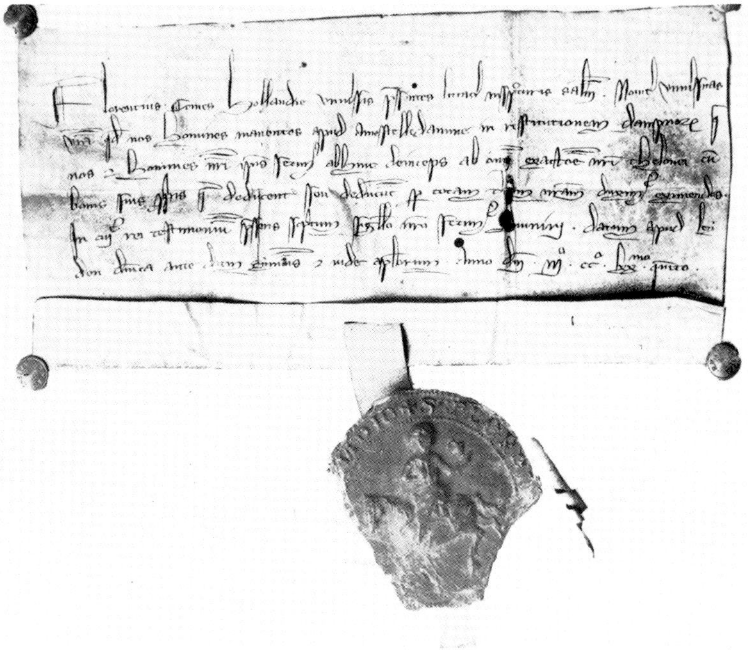

Das von Floris V. Amsterdam verliehene Zollprivileg

schiffe umgeladen werden konnten. Das Zollrecht, das Floris V. 1275 verlieh, beschleunigte die Entwicklung in erheblichem Maße. Das schon im 9. Jahrhundert erwähnte Städtchen Muiden mit seinem viel günstiger, an der Mündung der Vecht gelegenen Hafen von Utrecht wurde bald überflügelt.

Fünfundzwanzig Jahre später, 1300, erhielt Amsterdam Stadtrechte und durfte nun eine eigene Stadtverwaltung ernennen: einen Schultheiß, Schöffen und Ratsleute. Die Stadt hatte nun auch das Recht, selbst neue Bürger (›poorters‹) zuzulassen. Der holländische Graf Willem III. übernahm von den Bischöfen von Utrecht die Herrschaft über dieses Gebiet, und damit wurde Amsterdam 1317 eine holländische Stadt.

Eingebettet zwischen Oude- und Nieuezijds Voorburgwal, den 1342 angelegten Verteidigungsgräben, liegt der älteste Teil der Stadt. Damals bestand er aus dem Plaetse – dem neben dem Damm befindlichen Marktplatz –, dem heutigen Dam und den Fluß- und Seedeichen. Nes und Warmoesstraat bildeten den Flußdeich des rechten Amstelufers, Kalverstraat und Nieuendijk den des linken. Der östliche Seedeich trägt heute den Namen Zeedijk, der westliche Harlemmerdijk. Der heutige Damrak, der breite Boulevard zwischen Bahnhof und Dam, bildete den Hafen der Stadt. Der typische Stadtplan Amsterdams mit seinen halbkreisförmigen Grachten wurde durch die Vorburgwälle schon in seiner primitivsten Form vorgezeichnet.

Wiederum wurde eine Zolleinnahme für die Zukunft der Stadt von wesentlicher Bedeutung. 1323 erhob Amsterdam eine Art Einfuhrrecht auf den Import des beliebten Biers aus Hamburg. Die Hansestadt mußte einen Überschuß loswerden, während Holland selbst mit der einheimischen Brauerei von ›gruit‹ (einer Art Hopfen) nicht genug Bier produzieren konnte. Im Mittelalter war Bier beinahe für jedermann das tägliche Getränk. Kaffee und Tee waren noch unbekannt, Wein war zu teuer. Aber die Hamburger brachten ihr Bier nicht nur nach Amsterdam, sondern die Amsterdamer Schiffer holten es auch aus Hamburg und nahmen dann gleich aus anderen Hansestädten wie Bremen, Lübeck, Danzig, Königsberg, Riga und Reval allerlei Produkte mit: Getreide (meistens Roggen), Holz, Flachs, Teer und Pottasche. Aus Holland führten sie Butter, Textilien, Salz, Rhein-Wein und hauptsächlich Hering aus. Die selbständigen Schiffer wurden für sich allein oder im Verband miteinander Kaufleute. Sie unterhielten auch eine intensive Frachtschiffahrt mit den Ländern an der Ostsee, wegen der Route durch den Sund die ›Ommelandsvaart‹ genannt. Die Güter gingen über Amsterdam meistens nach Flandern und später, in den Jahren 1543–45, auch nach den Häfen in Südeuropa. Was die Einfuhr von Getreide betrifft, so stand Lissabon an der Spitze. Der Transport von Getreide überflügelte allmählich den des Biers, so daß Amsterdam im 15. Jahrhundert der Getreidespeicher der nördlichen Niederlande und die größte Handelsstadt Hollands wurde.

Mit Genauigkeit läßt sich über die Größe der Stadt im Mittelalter nur wenig sagen. Erst 1454 wird eine Zahl von Häusern genannt: 1919. Fünfzig Jahre später sind es 2935, und im Jahre 1562 ist die Anzahl auf 5728 gestiegen. Im Jahre 1500 schätzt man die Zahl der Einwohner auf mehr als 15 000. Im Jahre 1565 sollen es 30 000 gewesen sein. Das bedeutet eine Verdopplung der Bürgerschaft gegenüber einer Verdreifachung der Wohnhäuser. Offensichtlich ging es den Amsterdamern damals nicht schlecht.

Der rasche Aufstieg der Stadt wird auch mit einem Phänomen in Zusammenhang gebracht, das in den Annalen als ›Das Wunder von Amsterdam‹ bezeichnet wird. Dieses Wunder soll sich in den ersten Monaten des Jahres 1345 auf der ›Lane‹ (jetzt Kalverstraat) zugetragen haben. Ein Sterbender erbrach die ihm gespendete Hostie, die daraufhin ins Feuer geworfen wurde. Doch die geweihte Oblate schwebte unbeschädigt über den Flammen. Nach weiterem wunderbaren Umherschweben wurde sie schließlich als das ›Heilig Sacrament van Mirakel‹ unter großem Publikumsinteresse in die Pfarrkirche, die Oude Kerk, überführt. Die zwei Jahre später dem Wunder zu Ehren errichtete Kapelle, die Heilige Stede, wurde zum Reiseziel für zahllose Pilger, unter denen sich so prominente Personen wie Karl V. und Maximilian von Österreich befanden. Maximilian verlieh der Stadt als Dank für seine Genesung das Recht, im Stadtwappen die Kaiserkrone zu tragen. Zu

Das Wunder von Amsterdam

›Westertoren‹ mit Kaiserkrone

bewundern ist es auf der Spitze von Amsterdams höchstem Turm, dem ›Westertoren‹. Im Jahre 1908 wurde die ›Heilige Stede‹ abgerissen, aber noch immer erinnern der Heiligeweg (seinerzeit die Zugangsstraße für Wallfahrer) und der jährlich stattfindende ›Stille Omgang‹ an das Wunder in der Kalverstraat.

Obwohl Amsterdam am Ende des Mittelalters eine ausgesprochene Handelsstadt war und ganz den weltlichen Interessen zugewandt, spielte die Kirche im gesamten gesellschaftlichen und politischen Leben eine bedeutende Rolle. In der Stadt gab es nicht weniger als 21 Klöster, 16 von Nonnen und und 5 von Mönchen bewohnt. Diese Klöster waren nicht bei allen Bürgern beliebt, da viele in ihnen eine heimliche Konkurrenz sahen. Die Klöster brauchten die Gildeabgaben nicht zu entrichten, und das Bier, das sie brauten, wurde nicht besteuert. Es waren dann auch Glaubensfragen, die dem Wachstum der Stadt schlagartig Einhalt geboten.

Zu Beginn des 16. Jahrhunderts wird die weitere Entwicklung der Stadt durch die in den östlichen Nachbarländern einsetzende Reformation unterbrochen. Anfangs drückte der Magistrat bei reformatorischen Predigten ein

Wiedertäufer auf dem Dam

Auge zu und negierte im Interesse des Handels die Erlasse Karls V. gegen die Ketzerei. Im Jahre 1535 führte wohl auch die steigende soziale Not zu einem Ausbruch der Leidenschaften. In den vorhergehenden Jahren hatten Überschwemmungen, Epidemien und Arbeitslosigkeit das Land heimgesucht. Eine Art 'kommunistischer' Heilserwartung, die für die Lehre der Wiedertäufer kennzeichnend war, fand bei den einfachen Bürgern in ihrer bedrängten Lage starken Widerhall. Schließlich erregten einige Wiedertäufer einen Skandal, als sie in einem Anfall von gläubiger Ekstase nackt über den Dam stürmten. Abgesehen von einer Frau, mußten alle diese Tat mit ihrem Leben bezahlen. Am 10. Mai desselben Jahres besetzten die Wiedertäufer das Rathaus, doch ihr Griff nach der Macht schlug fehl.

Nach dem Thronverzicht von Karl V. von Habsburg wurde 1556 sein Sohn Philipp II. König von Spanien, der den teilweise ins Lager der Protestanten übergegangenen Niederlanden schwere Tribute zur Finanzierung der katholischen Kirche auferlegte. Zehn Jahre später fand vor der Haarlemmer Poort die erste öffentliche Predigt oder ›Heckenpredigt‹ statt. Einen Monat darauf folgte der ›Bildersturm‹, unter dem am meisten die Oude Kerk zu leiden hatte. Die von Spanien besoldeten Regenten wurden verpflichtet, alle Ketzer streng zu verfolgen. Daher wichen die reformierten

Vertreibung der pro-spanischen Ratsherren, der katholischen Geistlichen und Klosterbewohner

Kaufleute nach den deutschen Nord- und Ostseehäfen aus und setzten von dort aus ihre Geschäfte fort. Als der spanische Herzog von Alba mit seinem ›Bloedraad‹ nach Amsterdam kam, wurde durch zahllose Todesurteile und Zwangsmaßnahmen die Ruhe zunächst wieder hergestellt. Die rebellierenden Wassergeusen gaben Amsterdam den Namen ›Moorddam‹.

Die maßlose Willkür der Spanier entfesselte 1568 den Aufstand der nördlichen Provinzen, an dessen Spitze sich 1572 Willem von Oranje stellte. Als spanische Bastion geriet Amsterdam in immer größere Isolierung und ging daran fast zugrunde. Handel und Schiffahrt kamen zum Erliegen, es herrschte Arbeitslosigkeit und größte wirtschaftliche Not. Doch 1578, nachdem Willems Truppen die Stadt eingeschlossen und zur Kapitulation gezwungen hatten, setzte der Umschwung ein. Die ›Satisfactie van Amsterdam‹ bestimmt, daß niemand seines Glaubens wegen verfolgt werden dürfe. Die berühmte ›Alteratie‹ ging so vor sich, daß Schützen in das Rathaus eindrangen und die pro-spanischen Ratsherren zwangen, ihre Sessel zu räumen. Zusammen mit den von den Bürgern gefangengenommenen Geistlichen und Klosterbewohnern wurden sie auf zwei Schiffe verfrachtet und außerhalb der Stadt ihrem Los überlassen. Mit der Alteration begann der Aufstieg der Stadt zum Welthandelszentrum.

In der neugewählten Stadtverwaltung gaben nicht zuletzt zurückgekehrte Emigranten den Ton an. Die Klöster wurden umgebaut oder abgerissen. Die Gilden, die zunächst religiöse Bruderschaften waren, bekamen eine mehr soziale und ökonomische Bedeutung. – Das Mittelalter war vorüber, eine neue Blütezeit brach an.

Der Wohlstand der nun wieder wachsenden Stadt nahm schnell zu. Dies zeigt eine Steuerrolle aus dem Jahr 1585 über die Vermögenssteuer (›capitale impositie‹). Offenbar gab es nur wenige große Einkommen. Die vier Bürgermeister mußten am meisten bezahlen, dann ein gewisser Eisenhändler Dick Jansz. Graeff (nicht weniger als 210.– Florins). 85 Tuchhändler, 16 Weinhändler, Grossisten in Milchprodukten und in Holz, insgesamt 2939 wohlhabende Bürger wurden von dieser Steuer erfaßt. Sie bildeten die wohlhabende Oberschicht einer Bevölkerung von 30 000 ›Seelen‹. Um das Jahr 1600 waren es freilich schon 40 000 und ein Jahrzehnt später wahrscheinlich 50 000.

Woher kamen all diese Menschen? Zum Teil aus der nächsten Umgebung; nach der Eroberung Antwerpens und der Sperrung der Schelde 1585 durch die Spanier, fliehen viele Kaufleute aus Flandern und Brabant nach Amsterdam. Doch die meisten neuen Bürger sind Deutsche, die hier ihr Glück versuchen. Auf der Flucht vor Philipp II. folgen ihnen bald portugiesische Juden, die sich hier niederlassen. Schon vorher (1576) hatten die aus Antwerpen ausgewiesenen portugiesischen Juden die Diamantschleiferei nach Amsterdam gebracht. Die zugewanderten Kaufleute verfügen über weltweite Handelsbeziehungen; neue Gewerbe werden begründet. Handel, Verkehr und Schiffahrt erweisen ihre Anziehungskraft. Die Binnenschiffahrt gewinnt größte Bedeutung. Die Emigranten werden zu einem großen Teil in der Textilindustrie beschäftigt. Viele Niederländer aus dem Süden lassen sich als Notare, Ärzte, Lehrer, Architekten, Bildhauer und Prediger nieder. Verfolgte und Flüchtlinge aus ganz Europa finden in Amsterdam eine neue Heimat.

Die erste große Stadterweiterung heißt in der Geschichte ›de uitleg van 1593‹. Die Stadt wird jetzt im Osten durch die Schippersgracht, Rapenburgerstraat, Nieuwe, Amstelstraat und die Blauwbrug begrenzt. Auch am linken Ufer kommt Gelände hinzu. An der östlichen Seite werden drei große Inseln geschaffen: Uilenburg, Marken und Rapenburg. Sie liegen an tiefem Wasser und sind für Häfen, Werften und Vorratshäuser geeignet. Hier werden die Admiralität und die Ost-Indische Compagnie ihre Speicher bauen. Und bald darauf lassen sich hier die Juden nieder, deren Zustrom andauert.

Der Handel entwickelt sich dementsprechend. Die Amsterdamer lassen sich nicht durch das Monopol der Engländer stören, über die 'Weiße See' Handel mit Rußland zu treiben. Der Hering, den man heute in Amsterdam gern ißt, war auch damals schon beliebt, und der Heringsfang, ›grote visserij‹

genannt, eine wichtige Einnahmequelle. Auch die ›kleine visserij‹, wie man den Walfischfang nennt, wird 1614 von der neugegründeten Grönländischen Compagnie in Angriff genommen, sie bringt große Gewinne. Zu den Handelspartnern gehört auch Frankreich, und durch den wachsenden Wohlstand kommen französische Luxusartikel immer mehr in Mode. Die Seefahrt durch die Straße von Gibraltar nach Italien und der Levante nimmt ihren Anfang und wird die ›Straatvaart‹ genannt.

Die Amsterdamer Kaufleute erweisen sich nicht gerade als glühende Patrioten. Obwohl Philipp II., der zwischen seinem Haß gegen die Rebellen und der Einsicht, daß ihre Waren für Spanien unentbehrlich sind, hin und her schwankt, sehr hinderliche Maßnahmen gegen sie trifft, treiben sie ihren Handel mit Spanien und Portugal ungeschmälert weiter. Das wirkt sich aber nicht immer zu ihrem Vorteil aus. Durch die ›Dünkirchener Kaper‹ verlieren sie Millionen. So wird denn 1600 eine Armee ausgesandt, um das Raubnest zu vernichten. Der Versuch mißlingt, doch Prinz Maurits erringt bei Nieuwpoort einen glänzenden Sieg. Ein Kind in Holland mag im Geschichtsunterricht noch so schwach sein, eine Jahreszahl ist ihm als Meilenstein in der Geschichte seines Landes doch bekannt: 1600, Schlacht bei Nieuwpoort.

Der Weg zum Ziel aller Wünsche: Indien wird gesucht und gefunden. Amsterdam beteiligt sich trotz der riesigen Kosten an den Erkundungsfahrten. Heemskerck und Barentsz gelingt es nicht, die nördliche Durchfahrt zu finden, so daß sie 1596/97 die berühmte Überwinterung auf Nowaja Semlja überstehen müssen. Doch auf der nicht so gefährlichen Route um Afrika wird Indien schließlich doch erreicht. Auf die Initiative von Amsterdamer Kaufleuten hin sticht 1595 eine aus drei Schiffen und einer Yacht bestehende, mit 250 Seeleuten bemannte Flotte unter dem Kommando von De Houtman und Keyser in See. Es sind die Schiffe ›Mauritius‹, ›Hollandia‹ und ›Amsterdam‹ sowie die Yacht ›Duyfke‹. Am 14. August 1597 kehren sie zwar ohne die ›Amsterdam‹ und beinahe ohne Besatzung zurück, Amsterdam hat jedoch Indien für die Niederlande erschlossen. (Die ›Amsterdam‹ war kurz nach der Abfahrt vor der englischen Küste gesunken. Neuerdings setzt man sich für die Bergung des Schiffes ein.)

Die mächtige ›Vereinigte Ostindische Handelscompagnie‹ wird 1602 gegründet, um die Konkurrenz zwischen den mit Indien handeltreibenden Ländern – England und Portugal – auszuschalten. Von den 17 Vorstehern ernennt Amsterdam 8 und ist zugleich der größte Aktieninhaber. Die Compagnie existiert zwei Jahrhunderte lang und wirft während dieser Zeit durchschnittlich eine jährliche Dividende von 18 % aus. Für Amsterdam bedeutet das einen Betrag von etwa 150 Millionen Gulden. Von diesem Kapital wird wiederum ein erheblicher Teil in den Handel investiert. Bedingt durch den regen Handel mit aller Welt, zirkulieren in Amsterdam so viele ausländische

1144

J.RAPPANO
240363
255 - 257 - 259

Währungen, daß sich der Magistrat 1609 entschließt, die erste Wechselbank der Welt zu gründen. Neben dem Wechselgeschäft verwaltet die Bank das gegen Gutschein hinterlegte Barvermögen vieler Kaufleute und richtet zudem eine Art Giro-Verkehr ein, so daß die Kontoinhaber ihre Geschäfte bargeldlos abwickeln können. Zwei Jahre später baut Hendrick de Keyser am Dam die Handelsbörse. Anfänglich eine kosmopolitische Güterbörse, erlangte sie bald auch als Geldmarkt Bedeutung.

Doch nicht alle Bürger leben im Wohlstand und haben teil am wachsenden Reichtum der Stadt. Die Archive berichten von zahlreichen Findlingen, Gefangenen und Bettlern. Auch die Kriminalität wächst aufgrund der mangelnden sozialen und ökonomischen Hilfen für die Einwanderer, deren Zustrom weiter anhält. Unter ihnen befinden sich viele aus Deutschland und Polen vertriebene Juden. Die Bildung eines Ghettos wird nicht zwangsweise herbeigeführt, doch die durch Herkunft, Glauben, Schicksal und Sprachschwierigkeiten zusammengehaltenen Juden wohnen hinter dem Nieuwmarkt, wo sich auch Armenier und Levantiner niederlassen, nahe beieinander. Die Juden aus Portugal sind meist wohlhabend, während die Juden aus Osteuropa sehr arm sind und sich hauptsächlich vom Kleinhandel und der Krämerei ernähren. Später können viele von ihnen durch Arbeit in der Diamantschleiferei und in der Tabakindustrie ihre soziale Lage verbessern.

Die wachsende Einwohnerzahl erfordert eine neue Ausdehnung der Stadt. Im Jahre 1612 beginnt Amsterdam nach einem der ersten Stadtplanungsprogramme der Welt sich systematisch zu vergrößern. Im Laufe des Jahrhunderts werden um den Stadtgraben (Singel) die drei halbkreisförmigen Kanäle – Heren-, Keizers-, Prinsengracht – angelegt. Die Grachten dienen dem Abfluß des Wassers und dem Verkehr zu und von den Handelshäusern. Der Urheber dieses weitsichtigen Plans ist der ›Stadsfabriekmeester‹, später Bürgermeister, Frans Hendrickszoon Oetgens, dem der Landmesser Lucas Janszoon Sinck, der Stadtzimmermeister Hendrick Jacobszoon Staets, der Stadtbaumeister Justus Danckerts und der Bildhauer, später Stadtarchitekt, Hendrick de Keyser zur Seite stehen. Die Erweiterung der Stadt und der Bau des weltberühmten ›Dreigrachtengürtels‹ nimmt Jahrzehnte in Anspruch. An den Grachten entstehen die prächtigen Patrizierhäuser der Herrschaftsfamilien, die Wohn- und Speicherhäuser der wohlhabenden Kaufmannsfamilien. Händler und Handwerker wohnen in dem Gebiet westlich des Dreigrachtengürtels, zwischen Prinsengracht und Buitensingel. Ihr Stadtteil wird unter dem Namen ›Jordaan‹ bekannt. Es soll das für Amsterdam besonders typische und viel besungene Volksviertel werden.

Neben dem Rathaus, dem heutigen Königlichen Schloß, stammen auch die vier protestantische Kirchen, die der Silhouette der Stadt ihr besonderes Gepräge geben, aus dem 17. Jahrhundert: die Süd-, Nord-, Ost- und Westkirche. Beeinflußt durch Renaissance und Humanismus, ist es der Calvinismus, der zu dieser Zeit das geistige Leben beherrscht. Daher ist es auch

Jan van der Heyden, Der Dam in Amsterdam im 17. Jh.

leicht verständlich, daß in dieser Blütezeit Amsterdams Kunst und Wissenschaft – noch kaum voneinander geschieden – auf die klassische Antike zurückgreifen. Die Namen der Künstler dieser Zeit lassen sich samt und sonders in den Straßennamen der Stadt wiederfinden.

Da sind der Schriftsteller Roemer Visser mit seinen beiden hochbegabten Töchtern Anna und Maria Tesselschade – endlich treten Frauen in den Vordergrund – und Hendrick Laurensz. Spiegel mit seinen beiden Nichten Anna und Brechtje: die führenden Figuren der unter dem Namen Eglantier bekannten Oude (›Rederijkers‹) Kamer mit der Devise »In Liebe Blühend«. Der Dichter P. C. Hooft, Amtmann von Muiden, gründet dort in dem uralten

Muider Schloß den berühmten Literatenverein ›Muiderkring‹ und arbeitet später in dem zuvor erwähnten Eglantier mit dem volkstümlichen Dichter Gerbrant Adriansz. Brederode, einem unverfälschten Amsterdamer, zusammen. Am bekanntesten unter den Dichtern des 'goldenen Zeitalters' ist zweifellos Joost van den Vondel geworden; sein Name schmückt aber nicht nur eine Straße, sondern auch eine Brücke, einen Park und sogar ein ganzes Stadtviertel.

Die Malerei erreicht mit Künstlern wie Rembrandt van Rijn, Hercules Seghers, Jacob Ruysdael, Meindert Hobbema und vielen anderen einen Höhepunkt wie nie zuvor. Es erübrigt sich, an dieser Stelle näher darauf einzugehen, da die Amsterdamer Malerei in einem besonderen Kapitel behandelt wird.

Aber noch andere Namen sind zu nennen, ohne die Amsterdam nicht Amsterdam wäre! Jacob van Campen beginnt 1648 mit dem Bau des neuen Rathauses, Symbol der Unabhängigkeit der Stadt und der Macht des Bürgertums. Die Gebrüder Hemony, zwei Lothringer Glockengießer, bereichern Amsterdam um einige schöne Glockenspiele. Noch immer kann man in Amsterdam fünf von ihren schönen Carillons hören. Einige hervorragende Chirurgen wirkten damals in der Stadt, von denen der Arzt und Bürgermeister Nicolas Tulp am berühmtesten wurde. Durch Rembrandt und dessen Bild, *Die anatomische Vorlesung des Dr. Nicolas Tulp*, erlangte er Weltruhm.

Michiel Adriaansz. de Ruyter, der große Seeheld, läßt sich als Flottenadmiral in Amsterdam nieder. Hier wohnt auch Jan van der Heyden, der sich nicht nur als Städtemaler einen Namen macht, sondern auch als Erfinder und Ingenieur. Ihm ist es zu verdanken, daß Amsterdam als erste Stadt mit ölgespeisten Straßenlaternen versehen und die Lichtstadt von Europa genannt wird. Im Jahre 1683 gibt es hier nicht weniger als 2380 Laternen, die in einer Viertelstunde angezündet werden können.

In der zweiten Hälfte des 'goldenen' Jahrhunderts zählt die Stadt 334 Gold- und Silberschmiede. Dazu kommen viele Teppichweber, Diamantenschleifer, Tuch-Wirker und Färber. Die Zahl von 186 Buchdruckern, Buchbindern, Buchverkäufern und Kunsthändlern läßt auf ein starkes kulturelles Interesse schließen. 1632 wird das ›Athenaeum Illustre‹, die Universität Amsterdams, gegründet. Die Redefreiheit ist hier ebenso garantiert wie die Druckfreiheit. Damals wurden in Amsterdam Flugschriften, Satiren und Blaubücher gedruckt, die nirgends sonst hätten veröffentlicht werden können. Daher ließen auch ausländische Schriftsteller, hauptsächlich französische, ihre Werke in Holland erscheinen. Weltberühmt wird die Druckerei von Blaeu. Im Jahr 1599 hatte Willem Jansz. Blaeu einen Handel in Globen, Karten und Instrumenten für die Schiffahrt gegründet, der bald zu einer großen Druckerei am Damrak erweitert wurde und 1637 zur Bloemgracht übersiedelte. Weithin bekannt ist der von diesem Verlag herausgegebene Atlas in mehreren Bänden. Auch Buchbinder machen sich einen

Namen. Mit Recht sind die Bucheinbände von Magnus noch immer berühmt. Weiterhin gilt Amsterdam als tonangebend für Land- und Seekarten, Globen, astronomische, mathematische und hauptsächlich nautische Instrumente.

Die Musik mit Kirchenkonzerten, Singspielen und Opern, Orgel- und Glockenspiel-Konzerten nimmt eine bedeutende Stellung ein. Zu jeder feierlichen Gelegenheit treten die Stadttrompeter auf. Auch im häuslichen Kreis wird viel musiziert. Schenken, Herbergen, Bier- und Weinlokale haben ihre eigene kleine Kapelle. Aus den Worten eines Deutschen, der 1683 in Amsterdam war, geht hervor, daß es sich in diesen Musikherbergen nicht nur um Musik handelte: »Wer des Abends, wenn es dunkel geworden ist, auf den Gassen spatziren gehet, kann auch die also gewandten Musik-Häuser anmercken, da ein Liebhaber alle Sinnen umbs Geld vergnügen kann.«

Mochte Amsterdam auf Ausländer auch einen fröhlichen und sogar leichtsinnigen Eindruck machen, so blieb es doch in erster Linie eine Handelsstadt. Zu den mächtigsten Kaufleuten gehörte Lodewijk de Geer, ein Niederländer aus dem Süden, der seit 1615 in Amsterdam wohnte und sich das berühmte Haus mit den Köpfen (Keizersgracht 123) bauen ließ. Da seine Aufmerksamkeit auf die Kupfer- und Eisenminen in Schweden, die nur zum Teil erschlossen waren, gefallen war, pachtete er 1619 die Domäne Finspong und das Land in der Umgebung. Seine Fabrikation von eisernen Werkzeugen wie Kanonen und Waffen wächst ständig, so daß er der schwedischen Regierung alles liefern kann, was für den Krieg gegen Deutschland benötigt wird. Dieser Handel mit Schweden geht zum größten Teil über Amsterdam; was die schwedische Regierung nicht selber kauft, darf de Geer zollfrei exportieren. So bildet Amsterdam den Mittelpunkt eines bedeutenden Handels in Metall und Waffen, nach denen in dieser unruhigen Zeit große Nachfrage besteht.

Amsterdam ist sogar Waffenlieferant für die Kaper von Dünkirchen und Ostende und liefert dem König von Spanien Schiffe. Es ist eigentlich eine lästige Stadt. Das fand die Regierung damals, wie sie es auch heute noch findet, wenn die Streitigkeiten auch nicht mehr so heftig werden. Drei Jahre nach dem Frieden von Münster, der den ›Achtzigjährigen Krieg‹ (1568–1648) beendete, wollte der Statthalter Prinz Willem II. die Stadt besetzen. Er war gegen den Frieden, mit dem Amsterdam als Handelsstadt einverstanden war. Die Truppen, die er entsandte, erlitten jedoch einige seltsam-komische Fehlschläge, verirrten sich zum Beispiel auf der Heide von Hilversum und konnten ihren Auftrag nicht ausführen.

Amsterdam ist inzwischen eine so reiche Stadt geworden, daß der Kapitalüberfluß oft größer ist als die Nachfrage nach Geld. Daher investiert man das Kapital manchmal in fragwürdigen Unternehmungen Ein gutes Beispiel dafür ist die maß- und sinnlose Spekulation im Tulpenhandel. Wer im Frühling durch Holland fährt, sieht überall die Tulpenfelder wie farbige Teppiche

G. A. Berckheyde, N.Z. Voorburgwal (im 17. Jh. wurde hier der Blumenmarkt abgehalten) mit Rückseite des Rathauses

in der Landschaft. Auch Amsterdam feiert den Frühling mit unerhörter Blumenpracht.

Diese verständliche und allgemeine Blumenfreude artet zu Beginn des 17. Jahrhunderts in eine wahre Epidemie von Spekulationssucht aus. Handwerker, Ladeninhaber, Schornsteinfeger, Weber und Hausangestellte, – ein jeder versucht sein Glück. Einmal werden für eine einzige Zwiebel, die ›vice-roi‹, zwei Lasten Weizen, vier Lasten Roggen, vier fette Ochsen, acht fette Schweine, zwölf fette Schafe, zwei Tonnen Butter, tausend Pfund Käse, zwei Oxhoften Wein und ein silberner Becher zu einem Gesamtwert von 2500 Gulden bezahlt. Man erkennt zu spät, daß die Rechnung nicht aufgeht. Die Staaten von Holland machen diesem Unfug ein Ende.

Die topographische Struktur der Stadt mit ihrer charakteristischen Sichelform findet 1658 ihre endgültige Form. Die drei Hauptkanäle und die Lijnbaansgracht werden von der Leidsegracht zur Amstel durchgezogen. Hierdurch entsteht ein neues Stadtviertel, das von der Leidsestraat und Leidsegracht, Spiegelstraat und Spiegelgracht, Vijzelstraat und Vijzelgracht, Reguliersgracht und Utrechtsestraat durchschnitten wird. Nur die Utrechtsestraat und die Leidsestraat durchstoßen den Stadtwall; an diesen Stellen werden die Leidse- und die Utrechtse Poort (Tor) gebaut. Dieser neue Bezirk wird ein sehr vornehmes Stadtviertel mit würdigen Patrizierhäusern. Besonders zu erwähnen ist hier die berühmte ›Bocht‹, die Krümmung der Herengracht, wo die reichsten Kaufleute und die Bürgermeister wohnen. Hinter der Prinsengracht entstehen Wohnviertel der Begüterten: die Leidsebuurt, Weteringsbuurt und Utrechtsebuurt.

Am rechten Amstelufer wächst die Stadt ebenfalls. Drei große Grachten werden angelegt: die Nieuwe Herengracht, die Nieuwe Keizers- und die Nieuwe Prinsengracht. Hier lassen sich vorwiegend Amsterdamer Kaufleute nieder und bauen ihre prächtigen Wohn- und Lagerhäuser. Quer durch diesen Grachtengürtel verläuft die Weesperstraat zum Weesperplein und zu einem Tor gleichen Namens. Damit wird das jüdische Viertel, die ›jodenbuurt‹, um eine Ladenstraße und vornehme Grachten bereichert.

Die Bevölkerung dieser Zeit läßt sich in fünf Gruppen einteilen. An die Aristokratie der Regenten schließt sich unmittelbar die große Gruppe der Kaufleute und Fabrikanten an, zu der auch die Angehörigen von freien Berufen, Prediger, Ärzte und Künstler, gerechnet werden. An dritter Stelle kommt das kleine Bürgertum mit Einzelhändlern und kleinen Fabrikanten, meistens in Gilden organisiert. Handwerker und Lohnarbeiter in Häfen, Lagerhäusern und Geschäften bilden die vierte Gruppe, während die fünfte aus denen besteht, die keinen festen Beruf haben und auf Wohltätigkeit angewiesen sind.

Wohlhabende Regenten investieren mehr als die Hälfte ihres Vermögens in Landbesitz, wobei neben der Geldanlage ein gewisser Snobismus eine Rolle spielt. Sie tragen den Namen des neuerworbenen Herrensitzes als zweiten Namen und glauben, damit Edelleute zu sein. Doch das Alltagsleben dieser Regenten und reichen Kaufleute ist einfach und ziemlich sparsam. Ihre einzige Extravaganz besteht darin, daß sie mit milder Hand für wohltätige Zwecke spenden.

Anfang des 18. Jahrhunderts bildet die Regentenklasse einen so geschlossenen Kreis, daß es für einen Außenstehenden fast unmöglich geworden ist, einen Regierungssitz zu erwerben. Das Höchste, was ein einfacher Bürger erreichen kann, ist eine Offiziersstelle in der Schützengilde. Dies ist eine bürgerliche Organisation, die mit der Bewachung der Stadt, der Stadtmauern, der Tore und Brücken, aber auch mit der Aufrechterhaltung von Ruhe und Ordnung in unruhigen Zeiten beauftragt ist. Sie formiert ein Ehrengeleit beim Einzug fürstlicher Persönlichkeiten und hält jährlich eine Festmahlzeit ab. In regelmäßigen Abständen läßt sie sich porträtieren, u. a. von Rembrandt *(Nachtwache)*, und die Stadt verdankt diesem Umstand eine imposante Kollektion von Schützenstücken.

Die Wirtschaft wird von den Gilden mit ihren strengen Regeln beherrscht. Durch das Verbot von Arbeit in großen Gruppen wird eine Zeitlang das Aufkommen von großindustriellen Betrieben unterbunden. Es bleibt lange bei Handwerk und Hausindustrie. Erst durch die Emigration der Hugenotten im

Jahre 1685 wird dies anders, da sie die Erlaubnis erhalten, hier unter denselben Bedingungen zu arbeiten wie in ihrem eigenen Land. Deshalb werden die einschränkenden Vorschriften über die Anzahl von Arbeitskräften und Werkzeugen gemildert.

Auch die Regelung der Arbeitszeit ist Sache der Gilden. Seit Jahrhunderten war aus Angst vor Brandgefahr die Arbeit bei Kunstlicht verboten. Man arbeitete nur bei Tageslicht: im Sommer von morgens halb 5 bis 8, dann von halb 9 bis 12 und dann wieder von halb 2 bis 7 Uhr. Im Winter wurden die Arbeitstage entsprechend kürzer.

Die Löhne hängen zwar von der Jahreszeit ab, liegen aber ziemlich hoch. Ein Tuchwirker verdient 1648 täglich 18 ›stuiver‹, 1682 schon 24 ›stuiver‹. Bei Schiffszimmerleuten steigen die Löhne von 11 ›stuiver‹ im Jahre 1628 auf 30 im Jahre 1692. Diesen von der Gilde vorgeschriebenen hohen Löhnen wird der spätere Rückgang der Industrie zugeschrieben, die die Konkurrenz mit billigeren Ländern nicht bestehen kann. Zugute kommt die Lohnregelung den Arbeitern, die auch nicht über ihre Wohnverhältnisse zu klagen haben: in den schlechtesten Häusern wohnen nicht mehr als drei Familien mit insgesamt etwa 10 Personen.

Arme und alte Arbeiter freilich sind auf städtische und vor allem kirchliche Wohltätigkeit angewiesen, ebenso die Zuchthäuser wie etwa das ›Rasp-

Das ›Rasphuis‹, Zuchthaus für Männer

huis‹ für Männer. Seinen Namen hat es nach der Arbeit, die hier verrichtet wird, nämlich dem Reiben des roten brasilianischen Holzes, das in Pulverform als Farbstoff verwendet wird. Das Rasphuis befand sich am Heiligeweg – das Tor steht immer noch da, so wie das ›Spinhuis‹ noch am Oudezijds Voorburgwal Ecke Spinhuissteeg zu sehen ist. Hier mußten sich Frauen von schlechtem Lebenswandel und Bettlerinnen mit Spinnen, Nähen und Stricken ihr tägliches Brot verdienen. Diese Einrichtungen werden ihres Prinzips wegen international bekannt: keine Strafe, sondern Arbeitstherapie und religiöse Belehrung für die Gefangenen.

Das frühere Waisenhaus (Bürgerweeshuis) ist jetzt das Historische Museum von Amsterdam mit einer einzigartigen Sammlung von Schützenstücken in einer dem Museum angebauten, überdachten Straße.

In diesem calvinistischen und moralisierenden Land fehlte es nie an Sittenpredigern. Schon im 17. Jahrhundert diskutierte man über die langen Haare bei Männern. Der Streit über die Sittlichkeit oder Unsittlichkeit der langen Haartracht hieß der Haarkrieg, der ›Hairighe oorlogh‹.

Die Amsterdamer sind immer ein häusliches Völkchen gewesen. Die Familie bildet seit eh und je den Mittelpunkt des holländischen Lebens, wie sich auf vielen Bildern erkennen läßt.

Der Tag beginnt mit dem gemeinsamen Frühstück: nach dem Vorlesen eines Abschnitts aus der Bibel und dem Singen eines Psalms ißt man Brot und Käse und trinkt dazu Bier. Tee kommt erst um 1650 auf den Markt, Kaffee um 1700. Um 12 Uhr gibt es eine ziemlich schwere Hauptmahlzeit: Fleisch, Wild oder Fisch mit verschiedenen Sorten Gemüse. (Die jetzt unvermeidliche Kartoffel ist noch nicht allgemein bekannt.) Wieder viel Bier und bei festlichen Gelegenheiten Wein. Manchmal wird um 3 Uhr noch eine Zwischenmahlzeit aufgetragen, um 8 Uhr ist es dann Zeit für das Abendessen: verschiedene Sorten Brei. Meistens ißt man mit den Fingern, benutzt höchstens ein Messer. Löffel gibt es nur für Suppe oder Brei, Gabeln werden erst um 1700 bekannt und bleiben noch lange ein Luxus. Die Teller und Schalen sind aus Zinn, später aus Porzellan. Die Armen essen ihre Kohlrüben, Zwiebeln und Brot von Holztellern und trinken Dünnbier.

Ein beliebtes Eintopfgericht ist der ›Hutspot‹. Er wird nach einem alten Rezept aus Hammelfleisch oder gehacktem Rindfleisch, Blattgemüse, Möhren und Backpflaumen bereitet. Darüber gießt man Zitronen- oder Apfelsinensaft, läßt das Ganze in starkem Essig weichen, rührt kräftig um und läßt den Eintopf unter Zusatz von Fett und Ingwer längere Zeit gar kochen.

Schon um 9 oder 10 Uhr ist Schlafenszeit. Das Spazierengehen und der Besuch von Theater und Konzert findet vor dem Abendessen am Nachmittag statt. Diese Tageseinteilung hängt mit der schlechten Beleuchtung der Häuser und Straßen dieser Zeit zusammen.

Alt-holländische Kinderspiele

Im Mittelpunkt der Familie steht die Hausfrau. Nach Beschreibungen ausländischer Zeitgenossen führt sie (auch über ihren Mann) das Regiment, ist tüchtig und versteht sich auch gut auf das Geschäft. Sie ist nett anzuschauen und sehr ungezwungen in ihrem Auftreten. Wahrscheinlich durch häufigen Buttergenuß und übermäßiges Biertrinken hat sie schlechte Zähne. »Sie hat jedoch keinen schlechten Atem, da sie gesund ist und einen guten Magen besitzt.« Außerdem fällt ihre übertriebene Sauberkeit auf. Sie scheint immer nur zu putzen und zu schrubben, bis alles spiegelblank ist. Um keine Schuhabdrücke im Hause zu haben, stellt sie für den Besucher Pantoffeln vor die Tür.

Hausfeste sind schon sehr zahlreich. Das typisch holländische Sinterklaas-Fest feiert man am 5. Dezember mit viel Spaß. Die Geistlichen erreichen es durch unaufhörliche Ermahnungen, daß katholische Feste wie Dreikönige und Fastnacht im Laufe des Jahrhunderts verschwinden. Der Jahrmarkt ist damals schon ein Stein des Anstoßes für die Moralisten, aber unentbehrlich als Warenmarkt und gesellschaftliche Einrichtung. Eine Attraktion, die jetzt beinahe ganz verschwunden ist, war der Irrgarten, in dem alle möglichen Figuren und Darstellungen zu sehen waren. Der kolossale Goliath, der sich jetzt im Historischen Museum befindet, stammt aus einem solchen Irrgarten. Überall gibt es Bahnen für Ballspiele, im Sommer zieht man mit Booten oder Wagen aufs Land hinaus, im Winter läuft man begeistert Schlittschuh.

So freut man sich des Lebens, bis im Katastrophenjahr 1672 das ›Goldene Jahrhundert‹ ein jähes Ende findet.

Schon 1652 waren Holland und England, auf Machterweiterung bedacht, in einen Krieg verwickelt, 1660 folgte der nordische Krieg. 1663 wurde die Stadt von einer Pestepidemie heimgesucht, der 23 000 Menschen zum Opfer fielen. Zwei Jahre später brach der zweite englische Krieg aus, und schließlich erklärten 1672 auch noch Frankreich, Köln und Münster der Republik den Krieg. Amsterdam konnte den Armeen Ludwigs XIV. zwar die Stirn bieten, mußte jedoch 1676 einen schweren Verlust hinnehmen: Michiel de Ruyter fiel bei Etna im Kampf gegen die Franzosen. Mit großem Prunk wurde er in der Nieuwe Kerk am Dam beigesetzt.

Jahrmarkt

Die Stadt ging aus all diesen Seekriegen schwer mitgenommen hervor und verlor durch den Aufstieg Londons und die zum Freihafen erklärte Stadt Hamburg ihren führenden Platz als Handelsmetropole, konnte allerdings dank ihrer guten finanziellen Lage noch immer eine bedeutende Rolle spielen. Die Bevölkerungszahl nahm nun zwar nicht mehr zu, das wirtschaftliche Wachstum setzte sich jedoch weiter fort. Die Ostindische Compagnie zahlte noch immer eine beträchtliche Dividende aus, und Amsterdamer waren die Bankiers Europas. Viele ausländische Fürsten, darunter hauptsächlich deutsche, nahmen hier große Anleihen auf. Der Gesandte von Savoyen schrieb 1719, daß Amsterdam nach wie vor als eines der bedeutendsten Handels- und Industriezentren der Welt betrachtet werden müsse.

Schien der Handel auch keinen Rückschritt zu verzeichnen, so nahm er doch, relativ gesehen, an Bedeutung ab. Ausgesprochen schlecht ging es mit der Zeit aber der Industrie. Die Konkurrenz anderer Länder, die hohen Löhne, strenge Gilderegeln und der Mangel an Tradition wirkten sich nachteilig aus. Der einzige Industriezweig, der sich weiter entwickelte, waren die von spanischen, portugiesischen und polnischen Juden betriebenen Diamantschleifereien. Durch die Entdeckung von Diamantenminen in Brasilien kam es zu einem großen Import nach Europa, vor allem nach Amsterdam. Die Löhne blieben in allen Betriebszweigen hoch, dafür stiegen aber auch durch die indirekten Steuern die Preise. Die Stadt war technisch noch nicht imstande, bedeutende direkte Steuern einzutreiben, und daraus ergab sich das sonderbare Bild einer reichen Bürgerschaft in einem armen Staat. Das Steuerwesen war in einer ähnlich paradoxen Lage wie die Trinkwasserversorgung: Die Städte lagen mitten im Wasser und doch gab es manchmal keinen Tropfen zu trinken.

Durch den industriellen Rückgang entstand eine große Arbeitslosigkeit. So kam es, daß manchmal die eine Hälfte der Bevölkerung die andere unterhalten mußte. Diese zeitweiligen Depressionen und der Unwille, den das immer selbstbewußter werdende Bürgertum dem Familienregiment der Regenten gegenüber empfand – manchmal erhielt ein Säugling schon in der Wiege ein einträgliches Amt als Geburtstagsgeschenk –, waren der Anlaß für die ›Doelisten-Bewegung‹, die 1747 zu einem Ausbruch der Volkswut führte. Der Statthalter Willem IV. stellte zwar unter dem Druck der Doelisten eine andere Regierung zusammen und ließ einen neuen Kriegsrat ernennen, doch wirklich demokratische Reformen gingen daraus nicht hervor. Die Bestrebungen der Doelisten verstärkten allerdings den Patriotismus, der 1780 politische Formen annahm.

Amsterdam drängte unentwegt auf eine stärkere Flotte, um bei Gefährdungen der Handelsinteressen Seekriege führen zu können. Die Regierung des Landes begünstigte dagegen eine Verstärkung der Armee. Während des ganzen 18. Jahrhunderts blieb dieser Konflikt bestehen und hatte zur Folge, daß auf die Dauer beide vernachlässigt wurden, sowohl die Armee als auch

Laubhüttenfest im Judenviertel

die Flotte. Dies wurde im vierten englischen Krieg (1780–84) der Stadt Amsterdam zum Verhängnis. Nach der Seeschlacht an der Doggerbank war die Flotte zu schwach, um noch auszufahren. Die Patrioten gaben dem Prinzen Willem V. die Schuld an allem und forderten ein Mitbestimmungsrecht. Doch so leicht ließ sich der Prinz nicht einschüchtern. Er rief zur Wiederherstellung seiner Macht die preußischen Armeen zu Hilfe.

Die politischen Streitigkeiten verursachten einen schnellen Niedergang des Handels, und man konnte nur noch auf die französischen Revolutionsarmeen bauen. Und sie kamen tatsächlich. Unter Pichegru zog die französische Armee zusammen mit einigen Patrioten über die zugefrorenen Flüsse nordwärts und besetzte Utrecht. Prinz Willem V. mußte nach England fliehen, und auf dem Dam in Amsterdam wurde ein Freiheitsbaum gepflanzt.

Der Friede von Amiens, der den Krieg mit England beendete, hatte 1802 eine kurze Belebung des Handels zur Folge, wenn es sich auch hauptsächlich um eine schwunghafte Schieberei handelte. An der wirtschaftlichen Situation hatte sich nicht viel geändert. So mußte etwa die Ostindische Compagnie mit ihrer ganzen Schuldenlast verstaatlicht werden. Napoleon beschloß 1806, die Republik in ein Königreich zu verwandeln. Amsterdam wurde die Hauptstadt, von einem Bürgermeister und vier Stadträten verwaltet, und zugleich die Residenz Seiner Majestät Louis Napoleon. Als Louis aber vier Jahre später den Thron seinem ältesten Sohn abtreten mußte, hielt Napoleon es für richtig, Holland ganz und gar Frankreich einzuverleiben.

Einzug Kaiser Napoleons 1811

Amsterdam wurde die dritte Stadt des Kaiserreiches, der Palast auf dem Dam ein Kaiserpalast. Der Kaiser zog 1811 triumphierend in die Hauptstadt ein. Im allgemeinen wurde er sehr bewundert; er hatte 1810 eine gute Stadtverwaltung eingeführt, die Justiz verbessert, das Richtertum reorganisiert und die öffentlichen Finanzen saniert.

Allerdings mußte Amsterdam auch für alle Kriege herhalten, die der Kaiser zu führen beliebte. Die Kontinentalsperre bedeutete für den Handel eine Katastrophe, die Wirtschaft litt immer mehr unter dem Mangel an Grundstoffen, die Schiffswerften hatten nichts zu tun.

So nahm denn der Widerstand gegen die Franzosen schnell zu, und 1813 wurden sie vertrieben. Die von ihnen eingeführten Reformen allerdings blieben erhalten, und Amsterdam blieb Hauptstadt, nun aber einer konstitutionellen Monarchie unter dem Hause von Oranien-Nassau.

Der Wohlstand früherer Zeiten kehrte nicht so schnell zurück, obwohl die Stadt große Anstrengungen unternahm, nicht zuletzt Willem I., der königliche Kaufmann. Er machte Amsterdam zum Sitz der Niederländischen Bank und der Niederländischen Handelsgesellschaft, die dem Handel mit Indien einen neuen Auftrieb geben sollte.

1876 wurde der Nordseekanal, eine direkte Verbindung mit der Nordsee, von einer englischen Baugesellschaft vollendet, und damit brach für den Hafen von Amsterdam eine neue Blütezeit an. Die Stadt breitete sich weiter aus und wurde um einige Bauwerke bereichert, die aus dem heutigen Stadtbild nicht mehr wegzudenken sind: der Hauptbahnhof, das Rijksmuseum, das Concertgebouw, der Zoologische Garten ›Artis‹ und der Vondelpark. Die Diamantenindustrie nahm einen Aufschwung wie nie zuvor. Die sogenannte Freie Universität auf reformatorischer Grundlage öffnete 1877 ihre Tore und trug zum geistigen Leben der Stadt wesentlich bei.

Freilich trugen der neue Aufschwung und die von den Stadtvätern betriebene Bautätigkeit nicht eben zur Verschönerung Amsterdams bei. Überall wurden Kanäle zugeschüttet, Straßen verbreitert und uralte Gebäude abgerissen, ohne daß ein dringender Grund dafür bestanden hätte. Es entstanden phantasielose Wohnkasernen-Viertel, die den Gemeinderat heutzutage vor große Probleme stellen. Das Leben veränderte sich: Die Segelschiffe wichen Dampfern, an die Stelle der für Holland typischen Mühlen kamen Dampfmaschinen, und die Gaslampe verdrängte die Ölbeleuchtung.

Um die Jahrhundertwende hatte die Einwohnerzahl beinahe eine halbe Million erreicht, und wieder wurden neue Stadtpläne entworfen. Doch der Erste Weltkrieg durchkreuzte sie. Obwohl die Niederlande neutral blieben, wurde das wirtschaftliche und soziale Leben vollständig zerrüttet. Amsterdam, wie immer gastfrei, nahm Hunderte von Flüchtlingen auf. Lebensmittel und Brennstoff wurden rationiert. Der Mangel an Kohle führte 1917 zu der beschleunigten Einführung der Elektrizität für die Stadtbeleuchtung.

Bordell während der französischen Besatzungszeit

Waterlooplein um 1900

Zu Kriegszwecken beschlagnahmten die Alliierten viele niederländische Handelsschiffe. Schlaue Kaufleute verlegten nun ihre geschäftlichen Aktivitäten aufs 'Land' und brachten das Nachtleben der Stadt zur Blüte. Amsterdam machte abends mit seinen vielen Variétés und Theatern einen fröhlichen Eindruck.

Nach dem Krieg kamen wieder die Stadterneuerer zu Wort. Der berühmte Architekt Berlage entwarf einen Plan für den Süden Amsterdams. Sein Stil sollte unter dem Namen ›Amsterdamer Schule‹ berühmt werden. Es gab sogar einen Plan, der das Wachstum der Stadt bis zum Jahre 2000 berücksichtigte. Man baute Gartenstädte und gründete Industriebetriebe am Nordseekanal, der inzwischen verbreitert worden war und bei Ijmuiden mit der größten Schleuse der Welt ins Meer mündete; der Flughafen Schiphol gewann an Bedeutung.

Die wirtschaftliche Krise, die 1929 hereingebrochen war, nahm katastrophale Formen an. Arbeiter wurden zu Tausenden arbeitslos, Handel und Schiffahrt verkümmerten. Zur Arbeitsbeschaffung wurde der ›Amsterdamer Wald‹ angelegt. Der Sozialismus gewann immer mehr Anhänger. Die ersten Juden, die vor dem neuen nationalsozialistischen Regime in Deutschland flüchteten, suchten Zuflucht in Amsterdam.

Am 10. Mai 1940 brach die Hölle los. Hitlerdeutschland bombardierte Schiphol, und auch in Amsterdam selbst fielen Bomben. Die holländische Armee kapitulierte am 15. Mai, am nächsten Tag besetzten deutsche Truppen die Stadt, die damit der schwersten Zeit ihrer Geschichte entgegenging. Gegen die Judenverfolgung richtete sich ein heftiger Protest: der ›Februar-Streik‹, dessen noch immer jährlich am 25. Februar am Denkmal des Hafenarbeiters gedacht wird. Dennoch konnten die Deutschen an die hunderttausend jüdische Bürger deportieren. Öffentliche Exekutionen, Razzien, des Brennholzes wegen abgerissene Häuser, hohe Müllhaufen, eine hungernde Bevölkerung, ein von den Alliierten bombardiertes Hafen- und Industriegebiet, das von den abziehenden deutschen Truppen fast völlig zerstört wurde, – all das konnte Amsterdam nicht in die Knie zwingen. Der Widerstand war durch illegal erscheinende Blätter und erfolgreiche Aktionen immer stärker angewachsen. Zu diesen Aktionen gehörte auch der Überfall auf das Standesamt im März 1942, bei dem Listen mit Namen von Männern vernichtet wurden, die zum Arbeitseinsatz vorgesehen waren. 1944, nach dem Septemberaufstand ›Dolle Dinsdag‹ wurde über Amsterdam und den Westen der Niederlande die

Reguliersbreestraat mit Munt um 1900 und 1974

Hungerblockade verhängt. Am 5. Mai 1945 konnte die Bevölkerung der verarmten Stadt die kanadischen Truppen jubelnd empfangen.

Mit allen Kräften, durch den Marshall-Plan unterstützt, wurde mit dem Wiederaufbau begonnen. Ein Jahr nach Kriegsende verlief das öffentliche Leben wieder normal, waren die Vorratshäuser wieder gefüllt und die Handelsbeziehungen aufs neue geknüpft.

Als Königin Wilhelmina am 25. Februar 1946 die Stadt besuchte, verlieh sie ihr als Anerkennung für den ungebrochenen Widerstandsgeist, den sie während der Kriegsjahre bewiesen hatte, den Wappenspruch· ›Heroisch, Unerschütterlich, Barmherzig‹.

Das Amsterdamer Stadtwappen

Amsterdam heute

Amsterdam wuchs nach 1945 ziemlich schnell, die Bevölkerungszahl dagegen verringerte sich. Lag 1978 die Einwohnerzahl noch bei 750 000, 1981 war sie auf 707 742 gesunken. Dafür entwickelten sich die Vorstädte, hauptsächlich Amstelveen. Nachdem die Stadterweiterung im Westen und Süden so gut wie vollendet war, griff sie auf den Norden der Stadt über, der durch den Bau einer Brücke bei Schellingwoude und eines Autotunnels unter dem IJ eine gute Verbindung mit der Innenstadt bekam. Da das Bedürfnis nach weiterer Besiedlung stieg, faßte man den Plan, südöstlich der Stadt im Bijlmermeer Wohnraum für über 100 000 Menschen zu schaffen. Der schlechte Zustand, in dem sich die Wohnviertel des 19. Jahrhunderts und vor allem der Jordaan befanden, wurde erst später erkannt und erforderte Rekonstruktion, Renovierung und Sanierung. Eine weitere Möglichkeit für die Unterbringung der Bevölkerung ist der Bau von Städten in den neu erschlos-

Wohnviertel im Bijlmermeer

senen Gebieten des trockengelegten IJsselmeers, und so wurde im südwestlichen Flevoland in wenigen Jahren die Stadt Almere erbaut. Im Juni 1980 überreichte Ministerpräsident Van Agt den ersten 37 Familien, die sich in Almere-Stadt niederlassen wollten, den Wohnungsschlüssel.

Was machen diese 707742 Amsterdamer, zusammengepfercht in einer relativ kleinen Stadt, dem Zentrum eines immer dichter bevölkerten Gebietes? 7 % der berufstätigen Niederländer arbeiten in Amsterdam, davon 95000 Forensen.

Mit seinen 4079 Industrie-Betrieben ist Amsterdam die größte Industriestadt des Landes, und dazu eine der vielseitigsten der Welt. Schon allein die graphische Industrie zählt fast 10000 Arbeitnehmer. Weiter sind Fabriken für Konfektion, Chemie und Elektrotechnik von großer Bedeutung. Aber auch in der Lebensmittelbranche (Schokoladenfabriken, Bierbrauereien) sowie in Zigarettenfabriken und Diamantschleifereien verdienen viele Amstersterdamer das tägliche Brot.

Den Hafen von Amsterdam, 18,5 km vom offenen Meer, der Nordsee, entfernt, durch die Schleuse von IJmuiden nicht mehr von Ebbe und Flut abhängig, laufen jährlich 4400 Schiffe an, mit insgesamt 17 Millionen Bruttoregistertonnen. Durch den Amsterdam-Rhein-Kanal gelangen jährlich 8 Millionen Tonnen – meistens Massengüter wie Kohle, Erz, Getreide, petrochemische Produkte, Mineralöl und Holz – in das Hinterland. Daneben ist auch der Flughafen Schiphol mit fast 27000 Arbeitsplätzen für Amsterdam von immer größerer wirtschaftlicher Bedeutung; er steht mit seinen fast 10 Millionen Passagieren jährlich an siebenter und mit mehr als 270 Millionen Kilo Fracht an vierter Stelle auf der Liste der europäischen Flughäfen.

Die Stadt hat zwei Universitäten mit insgesamt mehr als 37000 immatrikulierten Studenten. In einer Stadt wie Amsterdam, wo ohnehin Wohnungsnot herrscht, steht die Behörde bei der Unterbringung so vieler Jugendlicher vor erheblichen Problemen. Und nicht nur die Studentenschaft, sondern auch eine andere wichtige Gruppe, die sich in jüngster Zeit auf dem Amsterdamer Wohnungsmarkt meldet, die Gastarbeiter, braucht billige Unterkünfte. Die Tatsache, daß es der Stadt gerade an diesen Unterkünften mangelt, hat zunehmend zu Besetzungen von leerstehenden Wohnungen und Betriebsgebäuden geführt. Amsterdam versucht, an die Probleme im Bereich der Wohnungsfürsorge heranzugehen und möglichst viele neue Wohnungen zu bauen und Altbauwohnungen zu renovieren. Für zahlreiche Amsterdamer bedeutet dies auf alle Fälle Arbeit im Baugewerbe.

Dem Tourismus verdankt die Stadt 7 % ihres Einkommens. Das Rijksmuseum bleibt mit seiner riesigen Sammlung von alten Meistern die größte Attraktion und zählt jährlich eine Million Besucher. Neben diesem gibt es noch das Stedelijk Museum mit einer großen Sammlung zeitgenössischer Kunst, das 1973 eröffnete van Gogh-Museum und das Historische Museum von Amsterdam. Aber Amsterdam bietet ausländischen Besuchern

Blick vom Hafengebäude auf Hauptbahnhof und Hafen

IJ-Tunnel

NIET
INVAREN

noch viel mehr: Nirgends in der Welt findet man im Kern einer lebendigen modernen Stadt die Architektur des 17. und des 18. Jahrhunderts in so reichen Variationen beieinander. Mit ihren 1000 Brücken und mehr als 100 Grachten ist das 'Venedig des Nordens' dieser italienischen Stadt weit überlegen.

Auf kulturellem Gebiet hat die Stadt viel und Erstrangiges zu bieten: außer dem weltberühmten Concertgebouw-Orchester und dem Amsterdamer Philharmonischen Orchester zahlreiche avantgardistische Musik-, Theater-, Tanz-Veranstaltungen und politisches Kabarett. Alljährlich in der zweiten Juni-Hälfte und in der ersten Juli-Woche findet das Holland-Festival statt, das drei Wochen lang internationale und nationale Kunstereignisse aller Art umfaßt. Darüber hinaus laden zahlreiche Kunstgalerien zum Besuch ein.

Sport ist hier sehr populär. Wer kennt nicht ›Ajax‹, den Fußballklub von Weltklasse? Segeln, Schwimmen, Schlittschuhlaufen und Rudern erfreuen sich allgemeiner Beliebtheit. Im ›Amsterdamse Bos‹ liegt eine der schönsten

◁ Concert-Gebouw

Ecke Prinsen-/Brouwersgracht, Café ›Papeneiland‹ ▷

AGIO

Ruderbahnen Europas! Für den Wassersport eignen sich viele kleine Seen südlich und nördlich der Stadt und die Randseen des IJsselmeeres. Bei Zandvoort liegt der Nordseestrand in nächster Nähe; wer aber dem übervollen Strandleben entfliehen will, findet in dem Naturreservat der Kennemer Dünen bei Bloemendaal Ruhe und Frieden. In den nächsten Jahren sollen noch zwei große Erholungsstätten hinzukommen: ›Spaarnwoude‹, ein Wald zur Tarnung des Industriegebietes am Nordseekanal, und im Norden der Stadt zur Erholung ›Het Twiske‹.

Die großen politischen Gegensätze, die im ganzen Land herrschen, finden ihren Niederschlag auch in der Stadtverwaltung, die daher von nicht Eingeweihten nur schwer zu verstehen ist. An der Spitze der Gemeinde steht der direkt von der Bevölkerung gewählte Gemeinderat, der aus 45 Mitgliedern besteht und vier Jahre lang im Amt bleibt. Aus der Mitte dieser Körperschaft werden neun Stadträte gewählt. Die laufenden Geschäfte sind Sache der Stadträte und des Bürgermeisters, der nicht gewählt, sondern für eine Periode von 6 Jahren von der Krone (d. h. von der Königin, unter Verantwortung des Innenministers) ernannt wird. Der Gemeinderat tagt im Rathaus, das seit 1808 seinen Sitz im Prinsenhof hat. Im Mittelalter war hier ein Kloster, später eine Art Hotel für fürstliche Personen und schließlich der Sitz der städtischen Admiralität. Dieses schwer erreichbare und unpraktische Gebäude genügt seit Jahren nicht mehr als Sitz einer modernen und offenen demokratischen Stadtverwaltung. Der Bau eines neuen Rathauses gilt als dringend nötig. Unangefochten ist diese Meinung jedoch keineswegs. Bisweilen werden (republikanische) Stimmen laut, die mit dem Slogan »Das Rathaus steht auf dem Dam« den Neubau bekämpfen. Leider hat im Jahre 1808 eine großzügige Stadtverwaltung das schöne Rathaus dem Monarchen (dem Bruder Napoleons) als Palast zur Verfügung gestellt. Auch heute noch dient das Gebäude mehrmals jährlich repräsentativen Zwecken.

Pläne für ein neues Rathaus gibt es schon seit langem, aber auch solche für ein Musiktheater, wo die Nederlandse Opera und das Nationale Ballet endlich eine eigene, modern ausgestattete Bühne bekämen. Schließlich hat sich der Gemeinderat dafür entschieden, beide Pläne in einem Gebäude – im Herzen von Amsterdam, auf dem Waterlooplein – unterzubringen. Der anspruchsvolle Entwurf für dieses gigantische Unternehmen entfesselte eine scharfe Polemik zwischen Befürwortern und Gegnern. Architekten bekämpften sich gegenseitig in den Massenmedien, Pläne wurden abgeändert, Entschlüsse aufgeschoben. Und inzwischen steigern sich die Baukosten, und ein zerstörter Waterlooplein wartet der Dinge, die da kommen sollen.

Der Bürgermeister wohnt seit 1926 an der Herengracht 502. Diese Amtswohnung befindet sich in einem Haus, das aus dem Jahr 1672 stammt und der Stadt von einem der reichsten Bürger geschenkt wurde.

Die Zusammensetzung des Gemeinderates bekundet keine große Harmonie, dafür aber Toleranz und Interesse am öffentlichen Leben. Die 45 Sitze

PRINSENGRACHT
CENTRUM
Café Centrum
Jan Heuvel
ESCRIME

56-90GR

Jordaan-Festival im September

sind auf nicht weniger als 7 Parteien verteilt. Es kommt hin und wieder vor, daß es mehr sind: Noch vor wenigen Jahren waren sogar 13 Parteien vertreten. Für die Ideen aktiver Individualisten ist in einer Stadt wie Amsterdam immer Platz, und oft wird ihnen dann auch von den Wählern ein Sitz reserviert.

Amsterdam gilt als 'rote' Stadt, und tatsächlich ist sie seit dem Wirken von Ferdinand Domela Nieuwenhuis, der in den Niederlanden die Grundlage für einen freiheitlich gesinnten Sozialismus schuf und zu Anfang dieses Jahrhunderts unter der Parole »Recht für alle« einen erbitterten Kampf im Interesse der Arbeiter führte, ein Bollwerk des demokratischen Sozialismus geblieben. Seit 1919 gibt es eine linke Mehrheit im Gemeinderat.

Zu den schwierigsten Aufgaben der Stadtverwaltung gehört die Erhaltung der Innenstadt. Sie soll nicht nur das historische Zentrum bleiben, sondern auch der Mittelpunkt des wirtschaftlichen und kulturellen Lebens, Wohngegend und Vergnügungsviertel. Die schnelle Abnahme der Bevölkerungsziffer erklärt sich daraus, daß viele Familien die Innenstadt verließen, da sie hier zu wenig Raum für spielende Kinder und weniger Schulen als anderswo in der Stadt fanden. Die Wohnungen, die sie verließen, bezogen junge Leute und Unverheiratete, darunter viele Studenten und Künstler. Sie fühlen sich zu dieser Gegend hingezogen, doch je mehr von ihnen kommen, um so weniger Bewohner gibt es in ein und demselben Haus. Da die älteren Leute in der Innenstadt bleiben, besteht die Einwohnerschaft des Zentrums hauptsächlich aus betagten und jungen Leuten. Diese beiden Gruppen sind sozial nicht stark, und Unternehmungen, die hier größeren Raum für ihren Betrieb brauchen, beneiden sie um ihre Wohnungen. Wenn die Stadtverwaltung nicht eingriffe, würden diese billigen Wohngelegenheiten von Betrieben aufgeschluckt werden. Da Grund und Boden teuer ist und Betriebe immer größer werden, würden die neuen Häuser immer größer und höher ausfallen. Damit würde die Innenstadt allmählich von einem Wohnviertel in ein Geschäftsviertel umgebaut werden. Die Folge wären mehr Arbeitsplätze, die leichter zu erreichen wären. Dies würde dazu führen, daß Häuser abgerissen werden müßten, um breitere Straßen und mehr Parkhäuser zu bauen. Eine solche Entwicklung würde das Ende der historischen Innenstadt bedeuten, und es wäre kein Platz mehr für die 7000 Gebäude, die auf einem Raum von 800 ha unter Denkmalschutz stehen.

In großen Linien liegen der Stadtverwaltung neue Pläne für die Innenstadt vor. Der Jordaan, das typische Wohnviertel, soll dem Wohnen vorbehalten bleiben und in diesem Sinne wieder aufgebaut werden. So will man es auch mit anderen Vierteln halten: der Bethanienbuurt, der Weteringbuurt, der Plantagebuurt und den Gegenden, die an der Amstel liegen.

In den großen Patrizierhäusern an den Grachten, die aus dem 17. und 18. Jahrhundert stammen und für Privatpersonen ohnehin unerschwinglich sind, sollen Geschäftsräume untergebracht werden. Der Stadtkern bleibt Einkaufszentrum, und die Universität mit ihren 25 000 Studenten wird ihre Gebäude weiterhin im Ostteil der Innenstadt konzentrieren können.

Da die Innenstadt nicht für den modernen Verkehr berechnet ist, sind Verkehrsprobleme immer wieder Gegenstand heftiger Auseinandersetzungen. Der Autoverkehr verlangt eine zweckmäßige Neuorganisation. An den Straßenrändern dürfen nicht mehr Autos parken, als die Straße zuläßt und es muß verhindert werden, daß diejenigen, die jeden Morgen aus den Vorstädten kommen mit ihren Autos die wenigen Parkmöglichkeiten in der Innenstadt bis Geschäftsschluß blockieren. Dies kann nur durch eine Verbesserung der öffentlichen Verkehrsmittel und durch die Anlage der viel umstrittenen Untergrundbahn vermieden werden.

Um das Zentrum als Wohnstadt lebendig zu erhalten, wird die Wohnlichkeit alter Häuser verbessert (was manchmal zum Denkmalschutz gehört und von Gemeinde und Staat unterstützt wird), und an der Stelle abgerissener Häuser werden neue Wohnungen im alten Stil gebaut.

So ist Amsterdam bemüht, seinen historischen Denkmälern eine Funktion innerhalb einer lebendigen Innenstadt zu geben.

Amsterdam und seine Besucher

Zunächst sollten wir die Touristen in verschiedene Gruppen einteilen. Da gibt es die traditionellen, überall an Kleidung, Fotoapparat und umherspähendem Blick erkennbaren Reisenden, hauptsächlich Amerikaner 'doing Europe', die auf ihrer Tour durch die westeuropäischen 'highlights' Amsterdam nicht auslassen möchten. Für sie gibt es auch in wenigen Tagen immer noch genug zu erleben: die Grachtenrundfahrt, ein Besuch des Rijksmuseums und des 'Hauses-wo-Rembrandt-wohnte', ein gut vorbereiteter Spaziergang durch die typischen Gegenden, das Bewundern der unzähligen Blumen, welche die Gemeinde jedes Jahr auch noch auf den kleinsten Platz pflanzen läßt, die Möglichkeit, die Gerichte fast jeder Nationalität in einer authentischen Umgebung zu verspeisen, und schließlich – Zeit und Interesse vorausgesetzt – ein Besuch des Concertgebouw, um dort das berühmte Orchester spielen zu hören.

Das Rijksmuseum

Legenden zu den Farbtafeln 1–50 auf S. 184 ▷

NEAC
1620
LOE LAP
freetime
LOE LAP
Rova
GAMBA
ETOS DROGIST
ETOS DROGIST
AB Bank
SNACK

2

3

4

5

6

7

10

8

9

11

ulen-loodgietersbedrijf
167

12

Hou de zomer mooi
met Tannalbin
tegen vakantie-diarree

13

177

14

15

16

17

18

19a

19b

Die nächste Gruppe bilden jene Touristen, die es länger aushalten und Holland und insbesondere Amsterdam besser kennenlernen wollen. In der Stadt und ihrer Umgebung finden sie dazu zahlreiche Möglichkeiten. Sie können einen Kahn leihen, um in einem der vielen Gewässer herumzurudern, ein Rad mieten, um die Stadt und am besten auch die Umgebung in Augenschein zu nehmen, mit Autobus oder Eisenbahn Tagesausflüge an den Strand, in den Wald oder in ein echtes holländisches Dorf zu machen. Wenn es regnet, sind die Museen und Galerien willkommen, ganz zu schweigen von den 'Cafés' (Kneipen), Restaurants und Boutiquen, die wie Pilze aus dem Boden schießen. Am schönsten ist es aber natürlich, ziellos durch die Innenstadt zu schlendern, an den Grachten entlang und durch enge Gassen. So sieht man, wie die Amsterdamer und auch die vielen Nicht-Amsterdamer hier leben und leben lassen.

Schließlich ist noch ein Besucherkreis zu nennen, der besonders ausführlich behandelt werden muß: die jugendlichen Touristen. Sie sind nicht zahlreicher als die soeben erwähnten traditionellen Reisenden, geben aber den Ton an und schaffen schon seit Jahren die sehr kosmopolitische Atmosphäre, die eigentlich nur während des 17. Jahrhunderts in Amsterdam herrschte.

Warum ist Amsterdam bei diesen jugendlichen Touristen so beliebt? Was zieht sie an und bewegt sie zum Bleiben?

Es ist wohl die große Freiheit, die Toleranz und das spielerische Element, das die 'Provos' kreierten, als sie in den Jahren 1964–66 in die Weltpresse kamen. Provo (Abkürzung für Provokateur) war eine Gruppe jugendlicher Aktivisten, welche die Widersprüche der gegenwärtigen Konsumgesellschaft sehr geschickt anprangerten. Zu den wildesten und charaktervollsten Figuren gehörte Robert Jasper Grootveld, der erst auf Diskussionsabenden und später an Straßenecken lautstark den sogenannt 'ekelerregenden Mittelstand' beschimpfte. Er veranstaltete Happenings, malte den Buchstaben K (für Krebs) auf Zigarettenplakate und hielt sogenannte 'ugge-ugge-Dienste' in der K-Kirche, die ihm liebevoll von seinem Freund Nicolaas Kroese zur Verfügung gestellt worden war – dem inzwischen verstorbenen Besitzer des Restaurants ›Vijff Vlieghen‹, auch eine sonderbare Figur in dem so reichen Leben von Amsterdam. Grootveld lenkte die Aufmerksamkeit auf das ›Amsterdamse Lieverdje‹, eine Skulptur von Karl Kneulmann, am Spui, von den Hunter-Tabaksfabriken der Jugend von Amsterdam gewidmet. Es stellte nichts anderes als einen Gassenjungen dar, Grootveld aber meinte, ein Kunstwerk dürfe nur die Wahrheit bezeugen, doch das Symbol für den versklavten Konsumenten der Zukunft betrachtete er als einen historischen Unfug. Daher veranstaltete er wochenlang in der Samstagnacht um 12 Uhr Zusammenkünfte bei der Skulptur. Damals legte der Provo-Aktivist Roel van Duyn Blumen am Standbild des religiös anarchistischen Domela Nieuwenhuis am Nassauplein nieder, während bei den Happenings rund um das ›Lieverdje‹ die ersten Provo-Manifeste verteilt wurden. Sie setzten sich für Anarchie auf allen Fronten ein und erhoben Amsterdam zum Magischen Zentrum.'.

So gelang es einem Dutzend junger Leute, die Stadt eine Zeitlang auf den Kopf zu stellen. Oft sahen ihnen Tausende Zuschauer zu, während auch einige fröhliche Freaks, meistens Psychopathen, Poeten und Musiker, sich unter sie mischten. Die Obrigkeit war wie vor den Kopf gestoßen und konnte zunächst nicht mehr tun, als sich über so viel spielerische Anarchie wundern. Aber es war klar, daß die Stadtverwaltung nur darauf wartete, zum Eingreifen gezwungen zu werden. Dies geschah 1966, als Prinzessin Beatrix auf die von vielen als nicht sehr glücklich empfundene Idee kam, Claus von Amsberg zu heiraten. Trotz der guten Ratschläge von Bürgermeister und Stadträten und trotz des massiven Protestes gegen Claus, dessen Vergangenheit als deutscher Soldat man mit Mißtrauen betrachtete, ließ die Prinzessin sich nicht davon abbringen, die Hochzeit in Amsterdam stattfinden zu lassen. Dieser Hochzeitstag am 10. März 1966 ist unvergeßlich. Rauchbomben explodierten vor der goldenen Hochzeitskutsche, Hühner flatterten den ohnehin schon nervösen Polizisten (im Volksmund 'kip' – Huhn – genannt) vor die Füße, und man drohte, die Polizeipferde mit in LSD getauchten Zuckerwürfeln zu füttern. Die Obrigkeit reagierte darauf mit einem Belagerungszustand, der im Widerspruch zu dem unabhängigen, republikanischen, antiautoritären Charakter der Amsterdamer stand.

Das ›Lieverdje‹ auf dem Spui

AMSTEL BIER
„De Westertoren
Amstel Pils
DE NIEUWE
NEDERLANDSE
REVUE
CARRÉ

Die Stadt erlebte ein Jahr voller Unruhen, was dazu führte, daß zuerst Polizeikommissar van der Molen und später auch der Bürgermeister van Hall zurücktraten. Toleranz war damals noch nicht die Stärke der Obrigkeit. Zu gleicher Zeit aber entstanden, auch aus Angst vor neuen Straßenunruhen, ghettoartige Bezirke, in denen ein Teil der Amsterdamer Jugend seine gegen jede Autorität gerichteten, psychedelischen Spiele feiern konnte: Fantasio (jetzt Kosmos), Paradiso, noch in Betrieb und Vorläufer von ähnlichen Jugendzentren wie Melkweg, Oktopus u. a. Provo trat weiterhin für das öffentliche Wohl ein und entwarf einige 'weiße' Pläne. Da gab es den weißen Kinderplan – Kinderheime, in denen die Mütter abwechselnd Aufsicht führten –, den weißen Radfahrplan – weißgefärbte Räder, die ein jeder benutzen konnte, um sie danach wieder für andere Liebhaber stehenzulassen – und den weißen Wagenplan, eine ähnliche Idee für kleine elektrisch angetriebene Autos. An diesem Plan wird noch immer eifrig gearbeitet. Auf dem Amstelveld und an der Elandsgracht hat man Witkar-Stationen gebaut, von denen aus man Probefahrten machen kann.

Mit derartigen beachtenswerten Ideen nahmen die Provos an der Gemeinderatswahl teil und es gelang ihnen als Kabouter-Fraktion eine Anzahl Sitze zu gewinnen.

Die Provos machten gewissermaßen das Bett für alle Schläfer am Dam, im Vondelpark und sonstwo auf. Und doch hat sich etwas geändert. Der ganze Jugendtourismus hat immer mehr den Charakter einer Ferienbelustigung angenommen und ist immer mehr von der Kulturerneuerung abgewichen. Die Subkultur bedeutet den meisten eine Art Erholung und nicht so sehr ein Mittel zum Wandel der Persönlichkeit. Viele Tabus wurden durchbrochen, doch die Zeit der Euphorie, des leidenschaftlichen Idealismus und der neuen Ideen ist vorüber. Ein Traum ist ausgeträumt. Und doch ist etwas geblieben, was die Stadt zu einem Touristenparadies macht. Man kann hier seinesgleichen und Geistesverwandte im Überfluß treffen. Man kann hier billig schlafen und essen. Der Rauschgifthandel hat keine gesetzliche Grundlage, doch im Vergleich mit z. B. der Hexenjagd in Frankreich wird die Sache hier recht milde angepackt. Nach einem alten Amsterdamer Prinzip ist alles erlaubt, wenn man niemand damit stört und auf seinem eigenen Plätzchen bleibt. Dies gilt auch für die Käufer von Soft-Drogen (aber natürlich nicht für die Händler, die sich auf jeden Fall strafbar machen). In ihrer eigenen Umgebung, ihren eigenen Zentren werden sie kaum je behelligt. Der Vondelpark war so 'ein eigenes Plätzchen', das die Gemeinde 1971 den jugendlichen Touristen überließ, damit sie dort unter sich sein konnten.

Aus verschiedenen Ursachen geriet das gesamte Vondelpark-Projekt einige Jahre später in eine derart kriminelle Atmosphäre, daß alle Beteiligten der Gemeinde rieten, ein Schlafverbot einzuführen. Einige Argumente waren: Zunahme von Diebstählen, Gebrauch von Hard-Drogen (vor allem Heroin) und zu wenig Schutz für die jungen Ausreißer, die mit ›pushers‹ und Händlern

in Kontakt kamen sowie auch für die große Gruppe der Parkbewohner ohne Geld und ohne Arbeit, die in Amsterdam leben und sich der Illusion hingeben, hier irgendwann einmal einen Job oder eine Wohnung zu finden. Die Möglichkeit, daß sie aus dieser Notsituation heraus in Probleme geraten, ist groß. Man schafft diese Probleme natürlich nicht aus der Welt, indem man den Vondelpark für Schläfer schließt, aber man beseitigt auf jeden Fall eine der Ursachen. Wie dem auch sei, der Vondelpark ist nicht mehr, was er war, und wird es auch nie wieder werden.

Es war schön. Wie schön, zeigt eine Untersuchung, die junge Soziologen im Auftrag der Universität von Amsterdam durchführten. Sie notierten unter anderem:

Landschaftsbild und Lebensstimmung machen den Park zu einer Insel innerhalb der Stadt, in der es wirklich anders zugeht. Wenn man dort nur einen Nachmittag verbringt, bemerkt man nicht viel davon, doch nach einigen Tagen fällt einem das andere Tempo deutlich auf. Mit der Zeit gewöhnt man sich an den Rhythmus, den trägen, 'stoned', milden Rhythmus, der hier herrscht, man wundert sich nicht mehr darüber, daß man eine halbe Stunde nötig hat, um sich einen Flaschenöffner zu leihen. Besonders in den Hauptverkehrsstunden fällt der Unterschied zwischen dem Tempo im Park und in der Stadt auf. Morgens und abends wird der Park von der arbeitenden Bevölkerung überströmt, die sich meistens radelnd ihren Weg bahnt. Jeder,

Protestdemonstration zu den Krönungsfeierlichkeiten am nationalen Denkmal auf dem Dam, April 1980

Im Vondelpark ▷

Musiker im Vondelpark ▷

der nicht zu den festen Bewohnern des Parkes gehört, hat diese Eile an sich, die hier zwischen dem rauschenden Laubwerk, wo höchstens die Sonne die Zeit angibt, sonderbar anmutet. Hier ist der Ort für 'dope', aber nicht nur für das allein.

Denn der dope ist keine Sache für sich, sondern muß immer im Zusammenhang mit einer Lebenshaltung verstanden werden, für die er ein Symbol ist. Aus einem Rapport der Stiftung für Alkohol- und Rauschgift-Forschung, der im Jahre 1972 erschien, geht hervor, daß dreiviertel der jugendlichen Touristen im Vondelpark Drogen gebrauchten. Der größte Teil von ihnen, mehr als dreiviertel, hielt sich an ›Cannabis‹ (Haschisch und Marihuana). Sie gaben dafür während der ganzen Zeit 30 Gulden pro Person aus. Weder ihre Lebensart noch die Benutzung von Rauschgiften gaben diesem Rapport zufolge Anlaß zu Bedenken, nur 7 bis 10 Prozent der Vondelpark-Jugend konnten als problematisch bezeichnet werden, an der Spitze Italiener und Franzosen. Sie fühlen sich in ihren eigenen Ländern vereinsamt und finden auch im Vondelpark nur schwierig Kontakte. Bei anderen Nationalitäten kann keine Rede davon sein, daß sie hier mehr Rauschgifte gebrauchen als zu Hause. Die Befürchtung, daß größere Freiheit gleichbedeutend ist mit größerem Gebrauch, erweist sich als unbegründet. Die jungen Leute, die im Vondelpark die Nacht verbrachten, bis zu 60% Schüler und Studenten, blieben nicht länger als eine Woche. 80% kamen aus den Vereinigten Staaten. Das männliche Geschlecht war dreimal so stark vertreten wie das weibliche.

Seit dem Sommer 1975 ist das Schlafen im Vondelpark verboten, aber die Jugendlichen suchten sich einfach ein anderes Bett. Denn es steht fest, daß sie auch weiter kommen werden, angezogen von der Toleranz, die man ihrer Anti-Kultur hier entgegenbringt. Auch die Art, auf die diese Toleranz in Amsterdam verwirklicht wird, fasziniert ein Stadtbild voller Freaks und alternativ-aussehender junger Leute, dazu Lokale wie Paradiso, Melkweg, Kosmos, Aknathon, um nur einige Namen zu nennen. Hier versammelt sich eine bunte Gesellschaft jugendlicher Gruppierungen wie Punker, Rastas, Mods, Discos, Skinheads, Rocker und andere, vielleicht noch namenlose, mit sehr unterschiedlichen Idealen, oder gar ohne, die aber in einem Punkt übereinstimmen: Sie fühlen sich als Amsterdamer und könnten nirgendwo sonst heimisch werden. Denn die größte Anziehungskraft von Amsterdam liegt in der Tatsache, daß man sich hier unter jeder Flagge frei bewegen kann. Amsterdam ist noch immer eine gute Stadt für all jene, die fragen: Wo ist mein Platz? Wo findet das große Fest statt?

Amsterdam und seine Bewohner

Der Amsterdamer ist neugierig und steckt seine Nase in alles, möchte aber nicht von oben her manipuliert werden. Er ist Lokalpatriot: Andere Städte können ihm nicht imponieren und die Provinz schon gar nicht. Er ist ein Individualist und liebt die Freiheit, hat aber auch ein starkes Gefühl für Zusammengehörigkeit. Er hält viel von Bequemlichkeit und möchte pünktlich etwas Gutes zum Essen und Trinken haben: Die Pause ist ihm heilig. Wenn es vormittags um halb elf eine Tasse Kaffee und am Nachmittag um halb vier eine Tasse Tee gibt, gießt er sie nicht im Stehen herunter. Vor allem aber hat er ein einzigartiges Gefühl für Humor. Andere Leute zum Narren zu halten, ist eine Art Volkskunst geworden. Diese Eigenheiten der Bevölkerung hat die Stadt zu dem gemacht, was sie jetzt ist, und bestimmen die unvergleichliche Art und Weise, in der sie, höchstes Staunen bei Nichteingeweihten erregend, ihre Geschäfte regelt.

Von Energie und Einmischungssucht zeugen die unzähligen und oft widerstreitenden Aktionen und Aktionsgruppen. 1980 fanden zum Beispiel 66 große Demonstrationen statt, von einer Kundgebung gegen die russische Einmischung in Afghanistan über Aktionen von ›Greenpeace‹ gegen den Walfang bis zu einer Demonstration der ›Rosa Front‹ gegen Diskriminierung und Unterdrückung der Homosexuellen. Manchmal führen solche Aktionen zu greifbarem Erfolg: Nach der Aktion ›Amstelveld autofrei‹ mußten die Autos verschwinden, und nach einer Aktion, die sich für ein Parkverbot an einer Seite von einigen engen Straßen in der ›Pijp‹ (Wohnviertel an der Ceintuurbaan) und im Jordaan einsetzte. Man machte das Parken unmöglich, indem man Blumenkübel hinstellte, die von den Bewohnern selbst gepflegt werden mußten.

Am meisten machen einige Aktionsgruppen von sich reden. ›Der lästige Amsterdamer‹ agiert gegen die Verkehrsnot, die Luftverunreinigung und Unwohnlichkeit, die Anlage der Untergrundbahn usw. ›Dolle Mina‹ kämpfte für die Befreiung und Emanzipation der Frau und erregte vor einigen Jahren Aufsehen mit ihrer Aktion ›Herr im eigenen Bauch‹. Diese Parole auf den entblößten Bauch gemalt, überraschten einige Dolle Minas die Herren im Parlament, als dort das Gesetz über die Schwangerschaftsunterbrechung behandelt wurde.

Die Anlage der Untergrundbahn hat heftige Aktionen pro und contra entfesselt und zu den stürmischsten Tagungen in der Geschichte des Gemeiderats geführt. Inzwischen warteten die Archäologen mit Spannung darauf, durch Ausgrabungen Geheimnisse der Vergangenheit an den Tag zu fördern. Am 10. Oktober 1980 wurde die U-Bahn (›Metro‹ genannt), jedem Widerstand zum Trotz, offiziell in Betrieb genommen. Die Feierlichkeiten fanden unterirdisch statt, und noch während der Ansprache des Bürgermeisters gingen auf dem Bahnhofsplatz die langsam zur Folklore gewordenen Krawalle los: Rauchbomben, Tränengas, in Eile an die Wand geschmierte Protestparolen, Steine und Glasscherben. 150 Protestierende und Passanten wurden festgenommen. Bürgermeister Polak äußerte sich in seiner Eröffnungsrede scharf über die 'anti-demokratische' Methode mancher Demonstranten, wie er sie in der Gesellschaft nicht dulden werde. Aber seitdem sind Metro-Krawalle schon längst von anderen, heftigeren Aktionen in den Schatten gestellt, und die U-Bahn fährt unerschütterlich vom Zentral-Bahnhof in den Bijlmer und zurück.

Zu den Grundeigenschaften der Stadt gehört der erschreckende Mangel an 'efficiency'. In dieser Stadt des ewigen Kompromisses spricht jeder ein Wörtchen mit, wird pro und contra sorgsam abgewogen, herrscht Demokratie im Extrem. Sie läßt sich nur schwer regieren, ist aber sehr menschlich.

Die hochgepriesene Toleranz erklärt sich daraus, daß Amsterdam seit Jahrhunderten Ausländern Zuflucht geboten und dadurch ein großes Absorptionsvermögen herausgebildet hat. Der Amsterdamer ist insofern tolerant, daß er jeden auf seine Weise leben läßt, solange er selber dadurch keinen Nachteil erleidet. Als guter Kaufmann wäre ihm ein Vorteil noch lieber. Genauso wie im 17. Jahrhundert sind viele Ausländer, jetzt meistens Amerikaner, mit der Stadt verwachsen und gehören dazu mit ihren Raritätengeschäften. So gibt es hier auch spektakuläre religiöse Sekten wie Hare Krishna (mit einem eigenen Tempel, Herengracht 96, Ruf 249410. Jeden Abend um 19.00 Uhr Gottesdienst, sonntags um 16.00 Uhr), die Jesus-Bewegung (Children of God), Unified Family usw.

Diese Toleranz hat Amsterdam auch zu einem Freihafen für Homosexuelle gemacht, für die es unzählige Bars und Treffpunkte gibt. Auf hetereosexuellem Gebiet läßt sich allerdings auch genug finden. Sexläden und Sextheater, Bücher, Zeitschriften und Filme, alles ist da, und auf den ›Walletjes‹, dem St. Pauli von Amsterdam, wird das Stadtbild dadurch beherrscht. Der Individualismus der Amsterdamer läßt sich nicht kleinkriegen. Trotz der Konkurrenz von Unternehmungen mit größerem Kapital behaupten sich unabhängige Kleinhändler. In der letzten Zeit ist manches

Holzschuhverkäufer auf dem Albert Cuyp-Markt

alte Handwerk wieder in Mode: Polieren, die Herstellung beinahe vergessener Naschereien, die Restaurierung antiker Schmuckstücke usw.

Auch aus ihrer Art zu wohnen gehen der Individualismus und der starke Hang zur Freiheit der Amsterdamer hervor. Am klarsten sieht man das an den Tausenden Wohnschiffen auf dem Wasser. Das Wasser ist frei, die Schönheitskommission kann da nicht reinreden. Die Grachten liegen dann auch voll von den sonderbarsten Phantasiebauten, auf denen sogar Gärten angelegt werden. Am Singel, dem Haus Nr. 40 gegenüber, liegt das Katzenboot, auf dem durchschnittlich 150 Katzen ihr Wohl und Weh und die ihnen von wohlwollenden Amsterdamern zugeschobenen Bissen miteinander teilen. Tierfreude ist erlaubt, Menschenfreude muß sich in Grenzen halten: Die Prostituierten auf den Bordellschiffen im Singel haben, nach wiederholten Beschwerden der Anrainer, ihre Aktivitäten einstellen müssen, sonst wären ihre Schiffe weggeschleppt worden. Ein neuer Paragraph der allgemeinen Polizeiverordnung ermöglicht diese Maßnahme. Es ist nämlich neuerdings verboten, auf Schiffen ein Gewerbe zu betreiben.

In der Amstel – zwischen Blaubrug und Magere Brug – liegt die ›Henri David Thoreau‹, ein sehenswertes, mit Tonnen von Wrackholz verziertes altes Binnenschiff. Der Besitzer, ein Amerikaner namens Victor Four, ist in dem Viertel nicht sehr geschätzt. Als der ehemalige Fotograf 1963 nach Amsterdam kam, hieß er ganz schlicht Karl Gluck. Eigentlich hatte ihm sein deutscher Vater den Namen Walter gegeben; er selbst fand Karl besser, bis er beschloß, fortan als Victor Fourteen durchs Leben zu gehen. Da Fourteen jedoch Assoziationen mit dem Sonnenkönig weckte, wurde es einfach zu Four, und das ist es seither geblieben. Die Fremdenführer der unentwegt vorbeituckernden Rundfahrtschiffe gaben Four den Beinamen ›König der Hippies‹, woran er jedoch keinen Gefallen findet. Er findet »Hippies langweilig und alle gleich«. Tagtäglich sorgt er mit seinem Ruderboot für die Anfuhr von neuem Holz, mit dem er dann bizarre Flöße, Balkons und andere geheimnisvolle Bauwerke anfertigt. Seinen schlechten Ruf in dem Viertel verdankt er seiner autoritären Haltung seinen Katzen gegenüber, die er wie Soldaten behandelt und ab und zu züchtigt. Und das geht natürlich nicht!

Denn der Amsterdamer ist tierlieb. Katzen und Hunde sind seine Lieblinge. In den kleinsten Zimmerchen im dritten Stock des Hinterhauses werden gerne die größten Hunde beherbergt. Der Jordaaner ist vor allem ein Taubenfreund. Die Anwesenheit von Hunden kann einem übrigens nicht entgehen: Straßen, Bürgersteige und Grünanlagen sind voller sichtbarer Beweise. Wir raten ihnen deshalb, sich mit größter Umsicht über das Pflaster zu bewegen, um übelriechende Rutschpartien zu vermeiden. So mancher Amsterdamer nimmt sich, in einem Anfall von Tierliebe, eines völlig unge-

Amsterdamer sind tierlieb

eigneten Haustieres an. Jährlich werden bei Artis (Zoo) etwa 2000 Enttäuschungen abgeliefert: nicht stubenreine und an Stuhlbeinen knabbernde Kaninchen, schreiende, aber ansonsten unverständliche Papageien und zahllose Schildkröten, die man als »langweilige Tiere, die nicht essen wollen« bezeichnet.

Auf dem Wohnschiff ›Het Knooppunt‹ (Knotenpunkt), Wittenburgergracht 1 (Ruf 227260) ist der Sitz der ›Lowlands Weed Compagnie‹. Kees Hoekert baut hier seit einigen Jahren Hanf an und verkauft die Pflanzen an Liebhaber. Am ersten Tag des Hanfanbaus befanden sich unter den zahlreichen Interessenten auch einige Polizisten des Polizeibüros, das genau gegenüber dem Boot liegt. Das Ziehen von Hanf ist in Holland nicht verboten (auch auf dem Blumenmarkt am Singel kann man die Pflänzchen käuflich erstehen), verboten ist es nur, die Spitzen zu trocknen. Der internationale Begriff 'drug' stammt von dem holländischen Wort für trocken – 'droog'. Die ›Lowlans Weed Companie‹ verkauft Hanf aus dem In- und Ausland, auch die verschiedenen Sorten von Marihuana. In dem Tee-Garten auf Kees Hoekerts Schiff kann man gratis ein Täßchen Marihuanatee trinken und Rauchunterricht bekommen. Beim Verkauf seiner Produkte ist er sehr geschäftstüchtig, man darf jedoch nicht länger als ein Jahr Kunde bei ihm bleiben: nach dieser Zeit, findet er, muß ein jeder imstande sein, selbst Hanf anzubauen. Er sorgt für Information, Hanfsaat und gute Ratschläge für die Zucht.

Der ehemalige Provo Jasper Grootveld ist der unumstrittene Meister der Schiffbauer. Nachdem er sein 'Hanfschiff', die ›Phrya‹, hergestellt aus gesammeltem Zivilisationsmüll aus den Amsterdamer Grachten, für den symbolischen Betrag von einem Gulden Kees Hoekert übergeben hatte (die Überreste dieses sonderbaren Baus schwimmen immer noch neben ›Het Knooppunt‹), begann er ein neues Projekt. An einem verlassenen Kai im östlichen Hafengebiet Amsterdams baut er heute Flöße aus ›piepschuim‹ (Styropor), ein Kunststoff der normalerweise zur Verpackung und Isolierung benutzt wird. Schaumplastik-Blöcke werden von großen Netzen und starker Plastikfolie zusammengehalten. In der Floßmitte steht ein Zelt aus braunem Segeltuch. Stellenweise ist etwas Erde verteilt, auf der das erste Gras schon zu wachsen beginnt. Grootvelds Ideal: die Herstellung größerer Flöße mit einer Erdschicht, worauf man säen kann. Fazit: ein mobiler Acker, den man an die Sonne oder in den Regen fahren kann. 'Movable' wohnen auf eigenem Ackerland. ›Piepschuim‹ widersteht Moder und Frost und isoliert gegen Kälte. Vorläufig hat Jasper jedoch noch bautechnische Probleme zu bewältigen.

Die 'alternative' Musik ist darum so typisch für Amsterdam, weil sie beim Musikanten wie beim Zuhörer ein großes Gefühl für Humor und Selbstironie voraussetzt. Es gibt schon mehrere alternative Orchester: das älteste und beste: das ›Resistenz-Orchester‹ mit einem Repertoire von wilden Mu-

Jasper Grootveld ▷

sikstücken aus den zwanziger Jahren; das jüngere, meistens aus Amateuren und Musikstudenten gebildete ›Volks-Salon- und Amusementsorchester‹, das Märsche, Tangos und Rumbas für nette Menschen spielen möchte; das 1971 vom Komponisten Louis Andriessen gegründete politische Orchester ›De Volharding‹ (die Beharrlichkeit), das meistens bei Straßenfesten und Kundgebungen mitwirkt; das Damen-Salonorchester ›Nostalgia‹, das auf hinreißende Art Tänze aus großmütterlicher Zeit, Schnulzen und Gassenhauer wiedergibt.

Einzigartig ist das Orchester der Obdachlosen: ›Walenburg‹. Hinter diesem Liebhaberorchester steckt die Philosophie, daß Musik nichts anderes ist als eine Äußerung von Emotionen; also ist jede musikalische Äußerung erlaubt. Die Obdachlosen spielen auf ungewöhnliche Art, aber mit Hingabe, unterschiedliche Instrumente. So führt jeder die zu spielende Nummer in der eigenen Interpretation aus, und demzufolge ist es nur dem wahrhaft musikalischen Zuhörer vorbehalten, das beabsichtigte Musikstück wiederzuerkennen. Das Orchester hat selbstverständlich großen Erfolg.

Der Psychotherapeut Joost Mathijssen ist der Dirigent zweier beliebter Chöre, die er gründete. Es ist der ›Chor der leicht übergeschnappten Frauen‹ und der ›Nörgler Männerchor‹.

›Luilak‹ (Faulenzertag)

Als nationaler Feiertag kann eigentlich nur der ›Koninginnedag‹ gelten, also der Geburtstag der ehemaligen Königin Juliana am 30. April. Die heutige Königin Beatrix, geboren am 31. Januar, hat sich, aus Respekt vor ihrer Mutter, dazu entschlossen, den 30. April als Feiertag beizubehalten. Ausländern fällt es immer wieder auf, daß an diesem Tag allgemeiner Arbeitsruhe der Handel um so besser blüht. Im Stadtzentrum herrscht ein reger Betrieb. Sogar Kinder versuchen, die von ihnen selbst gestrickten, zusammengezimmerten, geklebten oder ihren Eltern entwendeten Dinge an den Mann zu bringen. Wir bleiben ein Händlervolk.

Der 5. Mai ist dann der nächste große Feiertag. An diesem Tag im Jahre 1945 endete die Besetzung Amsterdams. Weil dann aber der königliche Geburtstag kurz zuvor gefeiert wurde und weil wir ein sparsames Volk sind, feiern wir diesen Tag nur einmal in vier Jahren.

Mit zwei Schweigeminuten am 4. Mai um 8 Uhr abends, gedenken wir der Opfer des Zweiten Weltkrieges und legen Blumen an den Gedenkstätten nieder. Wie bereits erwähnt, wird dem Februarstreik des Jahres 1941 jährlich am 25. Februar beim Standbild des Hafenarbeiters auf dem Jonas Daniel Meyerplein gedacht. Im März jeden Jahres findet zum Gedenken an das berühmte ›Mirakel von Amsterdam‹ der ›Stille Omgang‹ statt. An der katholischen Kirche beim Begijnhof formiert sich der Zug von Tausenden Katholiken aus dem ganzen Land, der durch die nächtliche Stadt zieht.

Weil ›Sinterklaas‹ der Schutzherr der Stadt und der Schutzheilige der Seeleute und Kinder ist, wird das Fest hier intensiv gefeiert. In jedem Jahr kommt ›Sint‹, wie es heißt, aus Spanien, der St. Nicolaaskirche gegenüber an. Vom Schiff aus begibt er sich auf das weiße Pferd, das schon auf ihn wartet, und zieht mit einem großen Gefolge von schwarzen Knechten, Edelleuten und Pagen zum Dam, wo er offiziell vom Bürgermeister empfangen wird.

Eine besonders reizende Gewohnheit der Amsterdamer Jugend ist der ›Luilak‹ (Faulenzertag) am Sonnabend vor Pfingsten. Dabei versucht der Teil der Bevölkerung, der genug geschlafen hat, den anderen noch nicht ausgeschlafenen durch möglichst viel Klingeln an den Türen und Lärm auf den Straßen zu wecken. Da unsere Feste garantiert in Radau, Prügeleien, Demolierungen, Brandstiftungen und anderen Tumulten ausarten, erinnern jetzt viele Zeitungen ihre Leser daran, die Klingel abzustellen und Fahrräder wie auch Mülleimer nicht auf der Straße stehenzulassen. Polizei und Feuerwehr werden in der Luilak-Nacht, die um 3 Uhr morgens ihren Höhepunkt erreicht, durchschnittlich 225mal alarmiert. Wenn Amsterdamer sich gehenlassen, dann tun sie es gründlich.

Wie sicher ist Amsterdam? Es sind nicht nur die Touristen, die sich das fragen, auch die Amsterdamer haben damit so ihre Probleme. Eine Stadt, die eine so starke Anziehungskraft auf Touristen ausübt, zieht auch viele dunkle Elemente an. In einer großen Stadt kann man ja leicht anonym bleiben. Viele Drogenabhängige ziehen deswegen nach Amsterdam, wie in

Gut, schnell und preiswert ist das Essen in den ›Broodjeswinkels‹, den Belegte-Brötchen-Bars, die sich überall in der Stadt befinden.

jede andere Großstadt in der Welt. Drogensüchtige brauchen täglich eine Menge Geld, um sich die notwendige Dosis zu beschaffen. Die Konsequenz ist, daß viele, hauptsächlich kleinere Diebstähle begangen werden. Wir reden zwar von 'kleineren Diebstählen', aber jeder weiß, daß es einem die Ferien völlig verdirbt, wenn das eigene Auto ausgeräumt wird. Wichtig ist es also, auf seine Wertsachen aufzupassen, nichts im Auto liegenzulassen, das Auto zu verschließen und Wertsachen im Hotelsafe zu deponieren. Nur so verringert man das Risiko. Weiter scheint es angebracht zu bemerken, daß in letzter Zeit der Zeedijk einen schlechten Ruf hat. Es handelt sich hier vor allem um den sogenannten 'Kopf' des Zeedijk, beim Zentral-Bahnhof. Die Regierung wurde sogar vom Bürgermeister gebeten, ihn beim 'Säubern' dieser Straße zu unterstützen. Das Ziel ist, dem aggressiven Drogenhandel ein Ende zu setzen, und es scheint, als könne der Zeedijk in absehbarer Zeit wieder 'sauber' werden. Das Problem der Drogen ist damit aber keineswegs gelöst, und leider wartet man überall auf der Welt noch auf die richtige Lösung.

Es gibt verschiedene typische Amsterdamer Leckerbissen, in erster Linie natürlich den Hering. Man kann ihn in Fischläden kaufen, am besten aber an den Heringsständen, die es an vielen Stellen in der Stadt gibt. Die beste Zeit ist Ende Mai, wenn die ersten 'grünen' neuen Heringe wieder da sind. Man kann sie mit oder ohne Zwiebeln genießen. Das Bild eines Mannes, der einen ganzen Hering herunterschluckt, ist für Amsterdam nicht typisch. Die Fische werden hier in Stücke geschnitten und mit einem hölzernen Zahnstocher serviert. In den ›broodjeswinkels‹ gibt es besondere Spezialitäten. Dazu gehört ein Brötchen, das auf beiden Hälften mit Tatar und einem halben harten Ei belegt ist, sowie auch das berühmte ›broodje half om‹, halb Pökelfleisch, halb gekochte Leber. Diese Imbiß-Stuben waren früher alle in jüdischem Besitz. Zu den Brötchen wurde damals gratis Tee gereicht – eine Gewohnheit, die noch hier und da in Ehre gehalten wird.

Eine Amsterdamer Nascherei nennt sich das ›Amsterdamertje‹. Es ist ein Kuchenstück, etwa 5 cm hoch und 7 cm im Durchmesser, mit Mandelmasse gefüllt und einer Mandel verziert. Neuerdings gibt es ›Amsterdamertjes‹ ganz anderer Art. Es sind kleine Eisenpfähle an Hausschwellen und Grachten, die das Parken verhindern sollen. Typischer geht es nicht: kein Parkverbot, keine drastischen Maßnahmen, nur hier und da ganz einfach diese gefährlichen Hindernisse. Schließlich die Automaten, voll mit Kroketten, Bami und Nasi-Ballen, Klößen aus Nudeln oder Reis, Bouletten und Salaten. Da herrscht manchmal große Heiterkeit, wenn einem ein typisch Amsterdamer Streich gespielt wird. Es kostet nicht viel Geld, doch das Vergnügen ist unbezahlbar. Man kann zwischen verschiedenen Möglichkeiten wählen. Man kann eine Krokette ziehen, einen Happen davon essen und sie wieder zurücklegen. Man kann in einem Salat einen Zigarettenstummel verarbeiten oder ihn zerdrücken. Leider kommen diese schlechten Scherze in letzter Zeit nicht mehr häufig vor.

Man findet in Amsterdam zwei verschiedene Arten Briefkästen, rote und blaue. Man stecke den Brief nur in den roten, denn der blaue ist für den städtischen Giroverkehr da.

Was dem Besucher aber am meisten auffällt und in der Erinnerung bleibt, ist die große Offenheit und Gastlichkeit. Jeder kann hier er selber bleiben, ohne über die Schulter angesehen zu werden und sich einsam zu fühlen. Amsterdam ist eine einzige große Familie, jeden Tag bereit, Gäste zu empfangen.

Amsterdamer über Amsterdam

H. J. Zantkuyl: Architekt für den Denkmalschutz

»Amsterdam bedeutet für mich so etwas wie eine Herausforderung. Ich kann mir vorstellen, daß Maler und Schriftsteller das auch empfinden. Es gibt auf dem Gebiet des Städtebaus und der Architektur so viel Schönes, daß man sich geradezu verpflichtet fühlt, selber kreativ zu sein. Amsterdam ist für mich auch die schönste schmutzige Stadt. Jeder wirft hier alles und jedes auf die Straße und in die Kanäle, wohl aus einer Nachlässigkeit, die auch etwas Faszinierendes hat. Und die Obrigkeit schreitet nicht dagegen ein, das ist wieder die sprichwörtliche Toleranz. Man wird hier aber auch selber tolerant. Man trifft alle möglichen Menschen und muß sich mit ihnen vertragen. Der Amsterdamer ist durch seine portugiesische, hugenottische und jüdische Abstammung so etwas wie ein universeller Mensch geworden, und das macht ihn tolerant. Ich glaube aber auch an den Einfluß der Architektur. In einem heilen Raum mit heilen Häusern geht man wie in der Natur, die gleichfalls heil und ausgewogen ist. Es verursacht eine gewisse Gemütsruhe. Weil hier architektonisch Vergangenheit, Gegenwart und Zukunft so sehr harmonieren, kann man sich glücklich fühlen. Ein Kind braucht zu seinem Glück Kontakt mit seinen Eltern, aber auch mit Altersgenossen. In einer Stadt ist es ebenso. Befindet der Mensch sich in einem vollkommen neuen Wohngebiet ohne Anklänge an die Vergangenheit, dann kann er nicht sein Gleichgewicht finden. Doch in Amsterdam ist alles gut verteilt. Es ist doch ein Wunder, daß ausgerechnet an dieser höchst ungünstigen Stelle auf dem denkbar schlechtesten Boden diese herrliche, liebe, kleine Weltstadt entstehen konnte.«

Liesbeth List: Sängerin

»Ich möchte nirgend anders wohnen als in Amsterdam. Weil es eine so wunderbare Stadt ist. Aber auch wegen der Toleranz. Die Jugend kann hier alles tun, was sie will, sie dürfen überall sitzen, liegen, gehen und stehen. Und aussehen, wie sie wollen. Man vergleiche das mal mit anderen Ländern. In Paris ist alles einförmig, und in den deutschen Städten, wo ich so viel auftrete, wäre ich nicht glücklich. Amsterdam ist ein Wohnzimmer. Da wohne ich drin, das Leben spielt sich auf der Straße ab. Wenn die Sonne scheint, setzt man seinen Stuhl vors Haus. Alles ist da: die Pelzmäntelgegenden und auch die Dorfstimmung der Gassen bei den Grachten. Die Grachten am Sonntag, ein richtiges Fest. Man versucht unaufhörlich, alles schön zu machen. Die Bewohner unternehmen dafür allerlei. Sie stellen vor ihren Häusern Blumenkübel auf die Straße, damit dort kein Auto mehr parken kann. Und die Polizei läßt es zu. Sobald wieder irgendwo ein Haus abgerissen ist, machen wir einen Garten daraus. Sogar die Wohnschiffe

haben kleine Gärten auf dem Dach. Wo findet man das sonst, solch ein Leben auf dem Wasser mit all diesen komischen geschmückten Booten, auf denen manchmal die exotischsten Tiere gehalten werden. Es werden auch immer wieder neue Boutiquen eröffnet, da kann man die verrücktesten Dinge kaufen. Und wie nett sind die Kneipen. Jeder findet, was ihm gefällt. Der Bürger hat seine Stammkneipe, aber auch die Jugend kann sich in einem besonderen 'Café' treffen, so wie man früher in seiner Bude mit französischem Käse und Kerzenlicht beisammen war. Amsterdam ist eine Stadt, in der es sich leben läßt, gut leben läßt.«

Rundfahrt-Boot in der Prinsengracht

Hausboote auf der Amstel

Kees Hoekert: Direktor der Lowlands Weed Companie

»Amsterdam ist eine langweilige Stadt . . . gewesen. Genauso langweilig wie all die anderen grauen, nebligen Städte, Stockholm, London, wo es, wenn es nicht regnet, hagelt oder windig ist. In Amsterdam ist jedoch etwas Merkwürdiges geschehen: in Amsterdam entstand eine Revolution, und diese Revolution wurde gewonnen. Das verdanken wir hauptsächlich dem erfinderischen Kopf von Robert Jasper Grootveld. Wenn er nicht gewesen wäre, könnte weder ich noch jemand anders hier in aller Ruhe ein ›Stikkie‹ rauchen, ohne sich darum kümmern zu müssen, ob die Tür gut geschlossen ist.

Es sind hier nicht die Studenten gewesen, die diese Revolution entfesselt haben. Ich muß zugeben, daß ein Student, Roel van Duyn, einen großen Anteil daran hatte. Robert Jasper Grootveld hat jedoch allen voran, nicht einmal durch listige Überlegung, sondern durch Intuition, seine Anhänger in diesen tumultuarischen Tagen dermaßen inspiriert, daß das Unwahrscheinliche geschehen konnte: die friedfertige, weiße Revolution wurde ein Erfolg. Das bedeutete, daß die Regierung des eroberten Gebietsteiles abdanken und einer anderen, die genau das Gegenteil bezweckte, Platz machen mußte. Wäre die Provo-Bewegung kein Erfolg geworden, so wäre Amsterdam heute ein Modell dafür, wie man das langhaarige, Drogen schnupfende und rauchende Gesindel auf zweckmäßige Weise zugrunde richtet. Dann hätte die städtische Behörde schon dafür gesorgt, daß so etwas in Amsterdam im Keim erstickt worden wäre. Dann wäre es hier schlimmer gewesen als beispielsweise in Paris oder Rom. Die Amsterdamer Toleranz ist also ganz einfach eine erzwungene Toleranz. Man kann in Amsterdam heute die verrücktesten Sprünge machen, wenn man nur weiß wie. Schau dir doch mal an, wie viele Gesetze einen Ausländer davor schützen, aus dem Land verwiesen zu werden. Da kann man doch nur sagen, daß hier ein angenehmes Klima herrscht. Was früher Paris war, ist heute Amsterdam. Es gibt Leute, die kommen vier-, fünfmal im Jahr aus Frankfurt, Hamburg, sogar aus Berlin, um hier ein paar Tage zu verbringen. Nur so, um ein paar Tage auf meinem Dach zu sitzen. Warum? Weil von dem Leben und der Atmosphäre in Amsterdam ein inspirierender Einfluß ausgeht.«

Simon Vinkenoog (holländ. Dichter) schrieb ein Gedicht in deutscher Sprache

Amsterdam:
Die Stadt
die ich liebe über alle.
Ich hab' sie so lieb
wie mich selber –
mehr so: sie ist meine Mutter
und Amsterdam ist auch mein Vater.

Ich bin es selbst,
ich bin das immer fließende Wasser,
und auch bin ich alle,
all diese Leute
die ich kenne, so gut,
wie mich selbst
– mit allen Innerungen
und Erinnerungen,
alle Geheimnisse
und alle Freude.

Wie ich dich kenne,
Mütterchen mein,
von Innen und Außen,
wie mein Taschenbuch
das mir wird offenbart
so offen, so voll,
so leer, so weit,
so zart, so hell,
so friedenvoller
Andacht: ach, wie ich
bei dir bin zu Hause!

Wie du mich schmerzen läßt
wie du mein Herz brichst
wie du mir wohltust
wie du mich lächeln lehrst
wie dein Wind mir erwidert
wie der Wind mir erzählt
daß ich Mensch bin,
und – Seele die Stadt –
unsterblich, wie du,
wie die Welt, wie alle,
die Liebenden.

Corneille: In einem belgischen Kunstmanifest, ›Le petit Cobra‹, Frühjahr 1950, schilderte der damals in Paris wohnende Maler seine Gefühle für Amsterdam. Er war mit 17 Jahren hierhergekommen.

... Amsterdam ist ein schönes Mädchen mit unzählbaren Spiegeln, der Wind, ein Despot, tut mit ihr, was er will. Der Wind in Amsterdam kommt von der Nordsee, ist feucht, salzig, kalt im Winter, kühl im Sommer.
... Der Wind ist hier unglaublich zärtlich, launenhaft und tyrannisch. Er ist fröhlich von Natur, wird aber schnell böse und gerät dann in Wut. Er durchdringt alles.
... Man hat oft geschrieben, der immer wechselnde Himmel über Amsterdam und die tausendfachen Reflexe in den Kanälen oder die Farben, welche die Sonne in der grauen, feuchten Atmosphäre hervorzaubert, hätten viele Maler inspiriert. Mich hat der Wind zum Maler gemacht. Der Wind gibt in Amsterdam den Rhythmus an.
... Wenn es in Amsterdam nicht weht, wird die Stadt ganz klein.
... Da steht ein Königlicher Palast, aber der ähnelt einer belgischen Kaserne in italienischem Neo-Barock. Es ist ein großer schmutziger Baukasten, den weder das Glockenspiel noch der Atlas-der-die-Welt-trägt verschönert.
... Die Straßen haben die schönsten Namen der Welt: ›die Ochsenspukgasse‹, ›Blaufußweg‹, ›Gebet ohne Ende‹, die ›Offene Herzgasse‹, ›Gänseblümchenstraße‹. Und dann sehe man sich den Straßenplan an! Amsterdam hat eine perfekte Form. Es ist ein Spinngewebe, genau in zwei Hälften zerlegt ...

Joop Schouwenaar, Markthändler

»Ich stehe nun schon 22 Jahre auf dem Albert Cuyp-Markt. Die letzten 6 Jahre verkaufe ich feine Gemüse und Delikatessen. Das sind keine Artikel für eine Bude, deswegen habe ich nun ein richtiges Geschäft auf dem Markt. Ich bin im Jordaan geboren, auf der Brouwersgracht. Mein Vater war Kartoffelhändler. Als ich 10 Tage alt war und meine Mutter wieder arbeiten mußte, da wurde ich zum Schlafen in eine Kartoffelkiste gelegt!
Ich liebe Amsterdam sehr und auch die Amsterdamer mit ihrem typischen, sehr eigenen Humor. Aber ich muß dir ehrlich sagen: mit Amsterdam geht es nicht vorwärts. Warum halten die Leute Amsterdam nicht etwas schöner, aus Respekt vor ihrer eigenen schönen Stadt? Früher hatte Amsterdam immer den Ruf, so eine blitzsaubere Stadt zu sein. Wo ist denn die Sauberkeit geblieben? Der Markt ist immer noch gemütlich. Die Markthändler untereinander lachen noch wie früher. Aber auch hier hat sich viel geändert. Es gibt nun so viele Ausländer, daß die Amsterdamer nicht mehr so gern kommen. Es ist auch ziemlich unsicher, man muß die Börse fest in der Hand halten.

Auf dem Albert Cuyp-Markt

Ein Vorteil ist, daß man hier alles kaufen kann, was die Welt zu bieten hat. Das war vor 10, 15 Jahren nicht so. Aber den Preis, den wir dafür zahlen müssen, daß nämlich die richtige, altmodische Atmosphäre vom Markt verschwindet, diesen Preis finde ich zu hoch.«

Dr. G. Herkemij: Kommandant der Feuerwehr

»Die Zahl der Brände in Amsterdam nimmt noch jedes Jahr zu. Da gibt es einen Zusammenhang mit der Zusammensetzung der Bevölkerung: Von den gut 700000 Amsterdamer stammen jetzt 140000 Bewohner – das ist immerhin ein Fünftel – aus andern Ländern und meistens auch aus andern Kulturen. Jeder bringt seine eigenen Sitten mit, und noch ehe er verstanden hat, worin ein Feuerchen auf dem Holzboden einer Mietwohnung im oberen Stockwerk sich von einem solchem draußen auf dem Sandboden unterscheidet, ist die Feuerwehr schon hinzugekommen. Zur Zeit verteilen wir u. a. türkisch und arabisch geschriebene Informationen zur Verhütung von Bränden. Problemgebiete sind vor allem die Stadtviertel des 19. Jahrhunderts mit ihrer starken Konzentration Fremder. Wie schon Diskotheken, so werden Gastwirtschaften für Gastarbeiter besonders überwacht. Seit dem großen

Brand in einer überbelegten Pension an der Amstelstraat (1974) sind wir äußerst wachsam. Noch immer kommen Dutzende Ausländer illegal über unsere Grenzen. Manche werden über kurz oder lang entdeckt und des Landes verwiesen.

Nur bei einem Großbrand und außergewöhnlichen Ereignissen übernehme ich persönlich die Führung, sonst ist es meine Aufgabe, diesen komplizierten Betrieb mit einer Belegschaft von 820 Männern und vielfältigen Einsätzen zu führen. Außer der wachsenden Zahl von Fremden gibt es auch sonst Entwicklungen, auf die wir uns abstimmen müssen, wie z. B. die fortschreitende Industrialisierung, namentlich im Hafengebiet. Wir verfügen dafür über zwei modern ausgestattete Patrouillenlöschboote. Das für die Innenstadt gedachte Löschboot ›Jan van der Heiden‹ ist jetzt fünfzig Jahre alt und bedarf der Erneuerung.

Die Feuerwehr hat mehr zu tun als nur Feuer zu löschen: Wir bieten technische Hilfe bei Verkehrsunfällen, wir pumpen vollgelaufene Kellerräume aus, und unsere Taucher heben jährlich etwa 80 Kraftwagen aus den Grachten. Kürzlich wurde die Feuerwehr auch mit der Koordinierung von Befehlsstellen der Katastrophenhilfe in Friedenszeit beauftragt. Daneben werden Brandsicherheitsvorkehrungen in allen Bauplänen von 22 Spezialisten der Abteilung Brandprevention beurteilt.

Die alte Innenstadt, die noch viele Kleinbetriebe beherbergt, bleibt schon durch die engen Straßen und den Verkehr ein Risikogebiet. Nur zu oft stehen falsch parkende Autos im Wege. Das macht jeder, wie es ihm gerade paßt. Wir haben unsere Löschfahrzeuge verkleinert, aber das hat seine Grenzen: Wir müssen doch zumindest eine Pumpe und Löschmaterial an Bord haben. Demnächst bekommen wir, extra für den Jordaan, eine neue Leiter, einen kleinen Typ, der bis zu 25 m ausgefahren werden kann.

Trotzdem gefällt der Amsterdamer Feuerwehr ihre Arbeit. Unser Betrieb freut sich eines guten Arbeitsklimas, wir können uns nicht über die Mitwirkung des Publikums beklagen. Dieses 'Goodwill' wollen wir nicht verlieren. Deswegen scheuen wir einer Beteiligung an Räumungen von besetzten Gebäuden. Da stehen wir erst in der zweiten Linie. In die Besetzungsproblematik und die Krawallbekämpfung wollen wir uns lieber gar nicht einmischen.«

Gerdi Nijman: Mitarbeiterin von Radio Stadt, Rundfunk für den Raum Amsterdam.

(Radio Stadt sendet täglich zwischen 12.00 und 13.00 Uhr und zwischen 17.00 und 19.00 Uhr über FM 94,3 m und Mhz Kanal 24. Themen u. a.: Aktualität, Theater und Kino, Amsterdam Sozial, Unterredungen mit Gemeinderatsmitgliedern, Meckerlinie, Surinam-Programm.)

»Ich stamme aus Haarlem, und im Vergleich zu Amsterdam ist das eine übersehbare, freundliche Provinzstadt. Mit meiner Mutter reiste ich früher manchmal nach Amsterdam, aber weiter als zum ›Bijenkorf‹ (Warenhaus, Damrak) kamen wir meistens nicht. Als ich mich dann hier niederließ, kam mir die Stadt so groß, so voll, so anonym vor! Nebenbei verirrte ich mich dauernd in diesem schrecklichen Halbkreis der Grachten. Die Reihenfolge der Grachten (von außen: Prinsengracht, Keizersgracht, Herengracht, Singel) mußte ich mir oft mit der Eselsbrücke 'Peter Kauft Hohe Stiefel' vergegenwärtigen. Aber während meiner sechsjährigen Arbeit für Radio Stadt habe ich Amsterdam richtig kennengelernt. Einer meiner ersten Aufträge war eine Sendereihe aus den verschiedenen Stadtbezirken; durch ein Porträt einer Straße versuchte ich einen bestimmten Bezirk zu charakterisieren. Da zeigte sich, daß jeder Bezirk eine klare eigene Identität hat. Die Anwohner der Kinkerstraße zeigten sich mürrisch und düster. Ganz anders als die Jordaaner. Amsterdamer meckern bekanntlich immer, aber im Jordaan macht man das humorvoll. Kattenburger, seit jeher unterbezahlte Dockarbeiter, sind heftig und streitbar und bilden eine feste Gruppe.

Gar viele Amsterdamer, vor allem aus den zu sanierenden Stadtteilen, haben sich in den 'Überlaufgebieten' niedergelassen. Im niedrig bebauten Teil des Bijlmers taucht jetzt schon wieder das angestammte Jordaanverhalten auf: gemütlich zusammen Kartoffeln schälen auf dem Bürgersteig. Und kleine Sportklubs werden gegründet. Auch in Almere, Purmerend, Leliestad, ja sogar in Hoorn haben wir viele Zuhörer. Die Leute haben Heimweh, aber was kann man da machen? Als ihre Amsterdamer Wohnung abgerissen wurde, weil der ganze Bezirk saniert werden mußte, bekamen sie von der Gemeinde 3500 Gulden Umzugsentschädigung, und sie bezogen eine anständige kleine Wohnung in Purmerend. Das ist zwar nicht Amsterdam, aber immerhin haben sie jetzt eine Dusche. Wenn diese Leute zurück wollen in die alte Nachbarschaft, werden sie dort den neuen Hochbau vorfinden und feststellen, daß die Miete für eine Etagenwohnung unerschwinglich ist.

Zum Glück gehen nicht alle: Es gibt welche, die ausharren und manchmal jahrelang in Übergangswohnungen oder in zugigen Wohnwagen warten, bis endlich ihre alte Wohnung renoviert oder neu gebaut worden ist. Das Wohnen ist wohl das größte Problem in dieser Stadt. In einem kleinen Land wie den Niederlanden gilt es nun mal, jeden Quadratzentimeter auszunutzen. Aber der Amsterdamer fühlt sich nicht wohl in einer überorganisierten Gesellschaft, er entzieht sich den Regeln: Man spürt, wie sich die 'Sitten' immer mehr verwischen. Auch die Toleranz Fremden gegenüber nimmt leider zusehends ab. Sie werden nur geduldet, wenn sie sich nach unsern Normen kleiden und verhalten. Und man hält mit seiner Intoleranz nicht hinterm Berg, denn die Amsterdamer sind bekanntlich direkt und offen, aber auch rührend und aufrichtig in ihren Gefühlen. So kam es, daß gerade hier das ›Lebenslied‹ aufblühte:

Bei uns in dem Jordaan

In Amsterdam hab' ich mein Herz verloren
Als alter, dufter Bursche, direkt aus dem Jordaan.
Hier bin ich im Keller geboren,
Und ich gehe mein ganzes Leben bestimmt nicht mehr fort von hier.
Kehrreim:
Bei uns in dem Jordaan
Singt man das heda! holla! huladiee.
Bei uns in dem Jordaan
Sieht man die Jungen und die Mädel tanzend geh'n,
Hatsiee!
Bei uns in dem Jordaan,
Wo die Blumen vor den Fenstern steh'n
Und der Amsterdamer Humor nie verloren geht,
Solange noch der Löffel im Breitopf steht.

Wir fühlen uns mit einander verbunden,
Denn bist Du in Kummer und Sorgen,
Dann hilft einer dem andern soviel er kann.
So sind eben die Jordaaner: Sie leben alle mit.
Kehrreim (wie oben)

›De Klok‹

Diese echte Mortier-Drehorgel, benannt nach dem Hersteller, ist beinahe 50 Jahre alt und hat eine interessante Vergangenheit. Der Besitzer, Henk Möhlmann, nahm die Orgel mit auf seine Reisen nach dem ehemaligen Niederländisch Indien, nach Südafrika, Honduras, Panama und in viele andere ferne Länder. Anläßlich dieser Reisen schmückte er die Orgel mit Figuren, »denn danach gucken die Leute gerne«.

Den Namen ›De Klok‹ (Glocke) verdankt die Orgel einem langen Kupferrohr, das im linken Vordach angebracht wurde, als man sie von einer Tanzorgel in eine Straßenorgel umbaute. Wenn man an das Rohr klopfte, vernahm man einen hohlen Glockenton. Dieses Kupferrohr wurde schon vor 30 Jahren entfernt, aber die Orgel behielt den Namen ›De Klok‹. Sie gehört zu den drei Orgeln in Amsterdam, die noch mit der Hand gedreht werden (das macht der Drehorgelmann). Zum Fahren besitzt sie allerdings, wie heutzutage alle Straßenorgeln, einen kleinen Motor.

Der Mann, der das Geld einsammelt, heißt der ›manser‹, und der kleine Kupferbehälter, den er den Passanten unter die Nase hält, wird daher das ›mansbakje‹ genannt. Henk Lurks, mit dem Spitznamen Akkie, der Sohn des inzwischen verstorbenen besten ›mansers‹ der Stadt, hat ›De Klok‹ gemietet.

In Amsterdam sind nur noch 8 Drehorgeln in Betrieb. Vor dem Krieg waren es 36. Finanziell lohnt sich das Orgelspielen nur in einer belebten Straße, aber die ist meistens voller Autos, so daß der Orgelmann keinen richtigen Platz findet, es sei denn hinter einem der parkenden Autos, und das ist verboten. Aber die Polizei tritt hier einem Orgelspieler gegenüber nicht so streng auf wie etwa in Rotterdam, wo er gleich ein Bußgeld zahlen muß.

Die wöchentliche Miete einer Orgel beträgt etwa 90 Gulden, doch ein guter ›manser‹ wird von seinen Einnahmen leben können.

Neue Orgeln werden nicht mehr gebaut, die alten werden aber restauriert. Die meisten Orgeln gehören dem Familienunternehmen Perlee im Jordaan, Westerstraat 119; hier kann man sie mieten und en miniature nachbauen lassen, Pipo, Goliath, Zara, Büffel, Bluthund, die große Zipfelmütze sind einige Namen der Orgeln. Das Repertoire ihrer Melodien ist sehr zeitgemäß. Zur Sinterklaas- und Weihnachtszeit erklingen alle passenden Festlieder durch die Straßen der Innenstadt.

Jede Orgel unterscheidet sich von der anderen durch Aussehen und Ton. Darauf sollte man einmal achten und dem ›manser‹ sein ›kwartje‹ geben!

Architektur

Amsterdam, die große Stadt,
ist gebaut auf 'palen' (Pfählen).
Wenn das einmal umfällt,
wer soll das bezahlen?
(Alter Kindervers)

Fleiß, Unternehmungslust und Ehrgeiz führten die Fischersiedlung am Rande der damaligen Welt ins Goldene Zeitalter.

Der Anfang sah nicht vielversprechend aus, und die Bedingungen waren denkbar schlecht. Ständig bedroht von Überschwemmungen durch Meer und Fluß, legten die Bewohner Deiche zu beiden Seiten der Amstel an und bauten darauf ihre Häuser; anfangs einfache Holzbauten, in Konstruktion und Material dem Schiffbau ähnlich: ein starkes Rahmenwerk mit Seitenschotten, alles aus geteertem Eichenholz. Für das Dach verwendete man Schilfrohr, das man an den Ufern der Moorteiche rund um den Ort fand. Auf dem Zimmerboden aus gebackenem Lehm brannte das Feuer.

Bevor man mit dem Bau eines Hauses beginnen kann, muß heute wie zu Beginn der Amsterdamer Geschichte der morastige Boden gefestigt und zu einem tragenden Fundament gemacht werden. Im 13. Jahrhundert benutzte man dazu noch ausschließlich kurze Pfähle, und das nur unter größeren Gebäuden, wie z. B. der Alten Kirche (Oude Kerk). In die sandhaltige Lehm- und Lößschicht wurden 3 bis 6 Meter lange Pfähle dicht nebeneinander geschlagen, die dann fest im kompakten Schlammbrei steckten und so die Baulast tragen konnten. Der Unterbau einfacher Holzhäuser bestand aus im Boden liegenden aufeinander gehäuften Balken, die die Eckstützen des Hauses trugen. Drohte das Haus abzusinken, wurde einfach ein Keil zwischen das tragende Fundament und den Oberbau geschlagen. Im 14. Jahrhundert verbesserte man die Pfahlbauweise. Auf die in den Boden gerammten kurzen Pfähle wurde eine etwa 2½ Meter hohe Grundmauer gesetzt, auf der dann mit dem Hausbau begonnen werden konnte. Benutzte man für das Pfahlfundament längere Baumstämme, wurde die Grundmauer entsprechend niedriger gehalten.

Die ersten 12 Meter langen Pfähle, durch die die Baulast auf die tragfähige Sandschicht übertragen wurde, stützten die schwere Stadtmauer, welche die Amsterdamer 1480 auf Drängen Maximilians von Österreich zur Verteidigung der Stadt anlegten. Munttoren (Münzturm), Anthonies-Tor (die heutige Stadtwaage am Nieuwmarkt) und der Schreiersturm erinnern noch an diese Mauer. Erst gegen Ende des 16. Jahrhunderts, nachdem

Überreste der 1480 angelegten Stadtmauer: ›Waaggebouw‹ auf dem Nieuwmarkt (oben) und Schreiersturm (unten)

Packhäuser an der Brouwersgracht

Bartolotti-Haus mit reichverziertem Treppengiebel

v. l. n. r. Treppengiebel, Schnabelgiebel, Halsgiebel, Glockengiebel, klassizistischer Giebel, Leistengiebel

Halsgiebel an der Herengracht

Für Amsterdams Baustil typisch ist das Überhängen der Giebel, 'Abfluchten' genannt. Die Fassaden neigen sich je Meter etwa einen halben Zentimeter nach vorne, zur Bauzeit der Häuser nicht nur Gewohnheit, sondern Vorschrift. Ein Grund hierfür wird nirgends angegeben, wahrscheinlich war es aber der ästhetischen Wirkung zuliebe, um die perspektivische Täuschung aufzuheben. Ein senkrechtes Gebäude zwischen diesen etwas überhängenden Giebeln erscheint viel massiver. Es gibt aber auch einen praktischen Vorteil. In Amsterdam haben alle Altstadt-Häuser, die Pack- wie die Wohnhäuser, einen Aufzugbalken im Dachfirst. Wozu? Amsterdam ist eine Handels- und Hafenstadt. Die Schiffe legten in der Gracht vor der Tür des Handelshauses an, und mit Hilfe des Zugbalkens wurde die Ware auf den Dachboden gehievt. Da die wegen Raumknappheit üblichen schmalen und steilen Stiegen das Auf- und Abwärtstragen größerer Gegenstände unmöglich machen, ist dies auch heute noch das normale Verfahren (etwa bei einem Umzug innerhalb der Altstadt). Die Gefahr einer Beschädigung der Giebel durch das Aufziehen der Lasten wurde durch die leichte Neigung der Hausfassade vermindert.

Charakteristisch für die Baukunst Amsterdams sind die Freitreppen am Haupteingang der Wohnhäuser – einst Zeichen des Wohlstandes des Hausherrn – und die reiche Verzierung der Türrahmen.

Die alten Kirchen

Die Silhouette der Altstadt wird von Kirchtürmen geprägt: Noorderkerk, Westerkerk, Zuiderkerk und die älteste Oude Kerk (Nord-, West-, Süd- und Alte Kirche).

Die Geschichte der *Oude Kerk* beginnt im 13. Jahrhundert: An der Stelle des heutigen großen Chors stand eine Holzkapelle. Die Kapelle wurde später ersetzt durch eine einschiffige Backsteinkirche mit einem Turm auf der Westseite. Während der letzten Restaurierung der Kirche (1955–1979) wurden die Fundamente eines Mittelschiffs und zweier schmalen Seitenschiffe ausgegraben: Wahrscheinlich war beabsichtigt, eine romanische Kreuzkirche zu bauen. Nach einem Brand im Jahre 1274 mußte die Kirche neu errichtet werden, und gut 30 Jahre später, 1306, konnte die Sankt Nikolaus gewidmete, dreischiffige Hallenkirche eingeweiht werden. In der zweiten Hälfte des 14. Jahrhunderts wurden mehrere Kapellen dazu gebaut; es sollten noch viele folgen. Erst 1571 erreichte die Kirche ihre heutige Größe mit 15 Kapellen, dem großen Chor und der wunderbaren Turmspitze, in der sich das berühmte (restaurierte) Glockenspiel Hemonys befindet.

Der Innenraum enthält mehrere bemerkenswerte Sehenswürdigkeiten: Drei große Fenster mit Bleiverglasung, zwei stammen aus dem Jahre 1555

Gespiegelte Ansicht der Oude Kerk ▷

und wurden 1765 erneuert. Das erste ist älter und stellt das Sterbebett Marias dar. Sehenswert sind weiter die Eichenkanzel von 1642, die auf 1724 datierte Orgel, die sich zum Teil auf einen Marmorsockel stützt, das Chorgitter von 1681, die Grabmäler zahlreicher, im Kampf gefallener Seehelden und die Gedenktafel für den Komponisten und Organisten der Oude Kerk, Jan Pietersz. Sweelinck (1562–1621).

Nebenbei hat die Oude Kerk die größte antike Holzüberdachung der Niederlande. Besitzer der Kirche ist die ›Stiftung de Oude Kerk‹, die sie für protestantische und ökumenische Gottesdienste sowie für kulturelle Zwecke zur Verfügung stellt. Jährlich wird eine lange Reihe von Konzerten veranstaltet. Während der Sommermonate ist es möglich, den Turm zu besteigen und den ältesten Teil Amsterdams zu überblicken.

Die *Nieuwe Kerk* (Neue Kirche) auf dem Dam, neben dem königlichen Palast, ist vor allem nach der kostspieligen 22jährigen Restauration, die 1980, kurz vor der Inthronisation der neuen Königin, vollendet wurde, einen Besuch wert. (Die Kirche fehlt in der Stadtsilhouette, weil sie keinen Turm hat.) Aus alten Dokumenten geht hervor, daß die Kirche schon 1410, als sie

Die Nieuwe Kerk, Innenansicht und Außenansicht der Rückseite ▷

The Children's Bookshop
15

nur aus dem großen Chor mit Nebenschiffen und Umgang zusammengesetzt war, als Pfarrkirche gebaut wurde. Rätselhafter wird die Geschichte der Nieuwe Kerk nach den großen Stadtbränden von 1421 und 1452, als nicht nur die Kirche, sondern auch fast alle Bücher und Dokumente verlorengingen. Es steht aber fest, daß 1452 mit dem Wiederaufbau der Nieuwe Kerk begonnen wurde, und zwar in größerem Umfang. Die Bauzeit reichte bis weit in das 16. Jahrhundert hinein; der Giebel am Nordquerhaus (an der Gravenstraat) bekam zwischen 1530 und 1540 seine heutige Gestalt. Daran ist klar der Einfluß der Renaissance in Amsterdam zu erkennen, wenn auch vorläufig nur in der Ornamentik, die Formen der Spätgotik dominierten. Die Nieuwe Kerk war der heiligen Katharina gewidmet, aber 1578, nach der ›Alteration‹, übernahmen die Reformierten die Kirche. Sie ist eine imposante Kreuzbasilika, ein Musterbeispiel der Amsterdamer Gotik um 1500.

Durch die Unvorsichtigkeit eines Klempners brach 1645 in der Nieuwe Kerk wieder ein Feuer aus; dabei wurde nicht nur das Dach, sondern auch das gesamte Kircheninnere ein Opfer der Flammen. Dekoration und Ausstattung sind deswegen jüngeren Datums. Als die Kirche 1648 mit finanzieller Hilfe der Stadtverwaltung wiederaufgebaut war, kamen die alten Pläne für den Bau eines Turms auf der Westseite erneut zur Sprache. Jacob van Campen machte in seinem Entwurf den Turm gerade hoch genug, um eine Balgenkammer für die Orgel einbauen zu können. Der Turm wurde jedoch nie gebaut: Möglicherweise fürchteten die Herren der Stadt, daß ein derartiger Turm ihr schönes Rathaus in den Schatten stellen könnte. Außerdem brach ein Krieg mit England aus, und die Stadt wurde von schlimmeren Sorgen geplagt. Weil eine Kirche eben doch Glocken haben sollte, wurde François Hemony mit dem Gießen dreier Glocken beauftragt. Nicht zu große allerdings, denn sie sollten in das Türmchen auf dem Dachkreuz passen.

Sehenswert sind im Inneren die vielen prächtigen Grabmäler, hauptsächlich von Seehelden: Michel Adriaansz. de Ruyter, Jan van Galen, J. C. van Speyck. Im Südquerschiff ruht der große Dichter und Dramatiker Joost van den Vondel. Er starb 1679; die Gedenktafel über seinem Grab stammt von 1772. Auch andere berühmte Schriftsteller wurden in der Nieuwe Kerk bestattet: P. C. Hooft, Da Costa, C. van Baerle. Bemerkenswert ist die Kanzel aus dem Jahre 1649, ein sechseckiger Becher, der von sechs Engelsfiguren getragen wird. Über dem Nordquerschiff, am Nieuwezijds Voorburgwal, befindet sich das älteste Fenster der Kirche. Es wurde 1650 von Johannes Bronckhorst angefertigt und zeigt Willem IV., den Grafen von Holland, der 1342 der Stadt ihr Wappen verlieh. Seit der Gründung des Königreichs findet die Inthronisation der niederländischen Fürsten dem Gesetz gemäß in der Nieuwe Kerk statt. Das erste Mal galt das 1814 für König Willem I.

Bei der letzten umfangreichen Restaurierung haben die Architekten möglichst altes Material zu verarbeiten versucht. Als wichtigste der verwendeten Steinsorten wären zu nennen: Kalksandstein aus Belgien, Basaltlava und

Die Zuiderkerk ▷

1614

Tuffstein aus Deutschland. Auch die Dachdeckung aus Schiefer stammt aus Deutschland.

Die *Zuiderkerk* (Südkirche), die erste große evangelische Kirche des Landes, wurde im 17. Jahrhundert (1603–1611, der Turm 1614) nach einem Entwurf des Stadtbaumeisters Hendrick de Keyser gebaut. Der Baumeister sowie die drei ältesten Kinder Rembrandts liegen in der Kirche begraben. Der Grundriß der Zuiderkerk ist frühmittelalterlich, aber ohne Chor und Apsis. Das Mittelschiff ist ziemlich breit, aber Quer- und Seitenschiff fehlen. Ursprünglich besaß die Kirche sechs bunte Glasfenster, aber durch die zunehmende Bebauung ringsherum war der Lichteinfall in die Kirche so gering geworden, daß 1659 beschlossen wurde, die bunten Scheiben durch klares Glas zu ersetzen.

Das Gebäude ist seit Jahren nicht mehr als Kirche in Gebrauch. Während des 19. Jahrhunderts zogen die Wohlhabenden aus der Nachbarschaft weg; in den engen Gassen um die Zuiderkerk und den Nieuwmarkt entstand eine erbärmliche Wohnsituation. 1929 wurde die Kirche geschlossen und als Lagerraum vermietet. Während des Zweiten Weltkrieges wurden die Opfer von Hunger und Bombardements in der Zuiderkerk aufgebahrt. Für eine Ausstellung über Städtebau und Wohnungsfürsorge wurde die Kirche 1950 völlig geräumt: Galerien, Bänke und Kanzel machten Plänen, Nachbildungen und Fotos Platz. 1968 kaufte die Stadt Amsterdam die Kirche von der evangelischen Kirchengemeinde, und ziemlich bald darauf begann die notwendige Restauration. 1979 strahlte die Kirche wieder in vollem Glanz, und die Anwohner haben Pläne ausgearbeitet, die Zuiderkerk wieder in Gebrauch zu nehmen. Man plant eine Nutzung der Kirche für alle Bewohner der Innenstadt mit verschiedenen Funktionen wie Bezirkshaus, Auffangstelle für Kinder, sozialmedizinische Beratungsstelle usw.

Der prächtige Südturm hat die Jahrhunderte besser überstanden als die Kirche. Er war immer Eigentum der Stadt und wurde als solches gut erhalten. Das schöne Glockenspiel von François Hemony wurde 1656 gegossen und 1960 restauriert und vergrößert. Von den drei großen Glocken trägt die größte das Datum 1511; sie stammt aus dem Turm der Oude Kerk, die beiden andern wurden von Hemony gemacht.

Die *Noorderkerk* (Nordkirche), in der Mitte des reizvollen Noordermarkts mit vielen Häusern aus dem 17. und 18. Jahrhundert, wurde in den Jahren 1620–1623 erbaut. Es ist unklar, von wem der Entwurf der Kirche stammt: Der Stadtzimmermeister Hendrick Jacobsz. Staets meldet, er hätte die Kirche nach eigenem Entwurf gebaut, aber in anderen Quellen wird Hendrick de Keyser als Baumeister erwähnt. Letzterer hat keinesfalls die Vollendung dieser Kirche gesehen: Er starb weniger als ein Jahr nach der Grundsteinlegung. Staets hatte bestimmt einen wichtigen Anteil am Bau: Die Holzkappe mit dem kleinen Turm ist ein Meisterstück des Zimmererhandwerks. Der Grundriß der Kirche hat die Form eines griechischen Kreuzes, in den Kreuzarmen vergrößert mit kleinen Dreiecken. Eindrucksvoll ist das Kircheninnere mit seinen vier Pfeilern, die das Gewölbe tragen. Die Kanzel ist so an einen der vier Pfeiler angebaut, daß der Pfarrer überall in der Kirche hörbar und sichtbar ist. Der Baumeister hat sich an erster Stelle um Schlichtheit und Zweckmäßigkeit bemüht: Die Bewohner des neuen Stadtviertels brauchten möglichst schnell eine eigene Kirche, und es war einzusehen, daß der Bau der fünf Jahre vorher entworfenen, viel größeren Westerkerk viele Jahre dauern würde. Trotzdem schuf der Architekt in der Noorderkerk eine ähnlich intime Atmosphäre, wie sie aus den Gemälden Johannes Vermeers und Pieter de Hooghs spricht.

Grabmäler hat die Kirche nicht, aber einige Amsterdamer Prominente liegen dort begraben: Baumeister Pieter de Keyser und Glasmaler Jan Gerritsz. Bronckhorst. Wegen Entvölkerung der Innenstadt wurde die Kirche 1929 geschlossen, jedoch 1941 wieder geöffnet, weil eine benachbarte Kirche baufällig geworden war.

Die *Westerkerk* (Westkirche), die wohl am meisten besungene der Amsterdamer Innenstadt, wurde von Hendrick de Keyser entworfen; am 9. September 1620 wurde der Grundstein gelegt. Mit dem Bau dieser evangelischen Kirche wurde eine alte Tradition wieder aufgenommen: Die Kirche ist dem Osten zugewendet, der 85 m hohe Turm steht am Westgiebel vor der Kirchmitte. Die Kirche hat die Form eines Doppelkreuzes. Zwar erinnert sie in Einzelheiten an die Zuiderkerk, aber insgesamt ist das Konzept monumentaler. Hendrick de Keyser hat die Vollendung seiner Schöpfung nicht mehr miterlebt: Er starb 1621, im Alter von 56 Jahren. Sein Sohn Pieter übernahm nach ihm das Amt des Stadtbaumeisters. Er hat den Turmentwurf seines Vaters etwas verändert: Die oberen Glieder wurden quadratisch statt achteckig. 1631 vollendete er den Bau der Kirche. Die Kaiserkrone, die auf der Turmspitze prangt, ist eine jüngere Nachbildung der vom Habsburger Maximilian geschenkten Krone auf dem Stadtwappen. (Eine Darstellung des Originals findet man auf Bildern des 16. Jahrhunderts und über dem Stadtwappen auf der großen Glocke des Südturms.) Die Glocke, die jeweils die vollen Stunden schlägt, ist die schwerste Amsterdams: 7509 kg. Alle ursprünglichen Glocken, auch das Glockenspiel, wurden 1638 ersetzt durch Glocken François Hemonys. Das Glockenspiel wurde 1959 restauriert und vergrößert und zählt jetzt 47 Glocken. Die Kanzel aus dem Jahre 1631 sowie die beiden Portale sind erhalten geblieben. Auf einer einfachen Gedenktafel, die 1906 an einen Pilaster beim Grab von Rembrandts Sohn Titus befestigt wurde, heißt es: 'Hier liegt Rembrandt Harmensz. van Rijn begraben'. Zwar wurde Rembrandt tatsächlich in der Westerkerk beerdigt, aber es ist nicht sicher, an welcher Stelle. Für die Heizungsanlage wurde der Kirchenboden auf-

Die Westerkerk

gebrochen, und aus vielen Gräbern wurden die Überreste zum Ostfriedhof herübergebracht. Es ist also nicht einmal sicher, ob das Gebein unseres größten Malers immer noch in der Westerkerk ruht.

Am 10. März 1966 fand zum ersten Mal eine fürstliche Eheschließung in Amsterdam statt: Die Westerkerk sah die Trauung von Prinzessin Beatrix und Claus von Amsberg.

Die Westerkerk ist nicht nur eine Bezirkskirche, sondern auch ein wichtiges Musikzentrum, namentlich für die Aufführung der Kantaten Johann Sebastian Bachs. Für diese Aufführungen hat man sich extra eine Chororgel angeschafft.

Die Grachten

Das Stadtbild Amsterdams erhielt durch die Anlage des berühmten Grachtengürtels – Herengracht, Keizers- und Prinsengracht –, mit dessen Bau 1612 begonnen wurde, seine charakteristische Grundstruktur. Dieses Kanalnetz wurde immer mehr ausgebaut, und heute zählt die Stadt über 100 Grachten.

Jährlich gehört für etwa eineinhalb Millionen Touristen eine Grachten-Rundfahrt zum Programm ihres Amsterdam-Besuchs, und durchschnittlich einmal in der Woche muß die Feuerwehr ein Auto aus dem Wasser ziehen. Mehr als 10 000 Menschen leben auf Wohnbooten, eine romantische Idylle, hinter der sich oft auch das Problem der Wohnungsnot verbirgt.

Die Grachten, zunächst nur als Verteidigungsgräben angelegt, dienten bald auch als Verkehrswege, zum Warentransport von und zu den Handelshäusern. Gleichzeitig bildeten diese Wasserstraßen das Kanalisationssystem der Stadt. Daran hat sich nichts geändert: Die Abwässer der ungefähr 24 000 Anwohner der drei Hauptgrachten werden direkt oder durch kurze Rohre in das Grachtenwasser geleitet. Um eine Anstauung des Unrats und der Abwässer zu verhindern, wird regelmäßig zwischen neun Uhr abends und vier Uhr morgens sauberes Wasser aus dem Ijsselmeer in das Grachtennetz gepumpt, wobei der größte Teil des Abfalls in Richtung Nordsee weggeschwemmt wird. Der abgelagerte Schmutz wird alle zwei bis drei Jahre aus den Kanälen gebaggert.

Rundfahrt-Boot in der Herengracht

»Wer die auf den Befestigungen stehenden Bäume beschädigt, entrindet oder schändet, wird mit dem Verlust der rechten Hand oder einer Buße von 20 Florins bestraft«, so lautete eine Vorschrift vom 12. April 1454.

Auch damals war die Stadtverwaltung schon auf die Erhaltung der Grünflächen bedacht, deren Anlage und Instandhaltung in Amsterdam ein Problem für sich ist und große Sorgfalt erfordert. Im 14. Jahrhundert war innerhalb der Verteidigungswälle noch Platz für Gemüsegärten und Baumschulen. In Belagerungszeiten konnte man so Obst und Gemüse für Mensch und Tier anbauen. Auf die Dauer aber wurde die Stadt zugebaut, Gärten und Wiesen wichen Häusern, Speichern und Kirchen. Der Grachtenplan von 1612 berücksichtigte zum Glück auch die Grünanlagen. Durch dichte Baumreihen zu beiden Seiten der Grachten wurde Amsterdam eine grüne Stadt, und das zu einer Zeit, als solche Grünanlagen noch ziemlich unbekannt waren – etwas Einzigartiges. Strenge Vorschriften zur Erhaltung und Pflege des Baumbestandes wurden erlassen. Wer einen Baum vor seinem Haus hatte, mußte dafür sorgen, daß er einmal im Sommer auf eigene Kosten beschnitten wurde. Wer es unterließ, bekam eine Buße von 3 Gulden. Später (1766) verbot man den Händlern, die mit ihren Pferdefuhrwerken in die Stadt kamen, ihre Tiere an den Bäumen festzubinden, weil es manchmal vorkam, daß die Pferde die Baumrinde abfraßen oder beschädigten. Hauptsächlich waren es Linden und Ulmen, die damals die Stadt schmückten.

Die Gärten der Grachtenhäuser gehörten nicht zum öffentlichen Stadtgebiet und fielen daher nicht unter die Vorschriften. Es war zwar verboten, sie zu bebauen, doch leider scherte man sich darum wenig. Doch einige dieser verträumten, liebevoll gepflegten Innengärten finden wir auch heute noch. Der hübsche Garten des Beginenhofes mit seinen Nuß-, Apfel- und Pfirsichbäumen lohnt einen Besuch.

Erst gegen Ende des vorigen Jahrhunderts wurden viele Parks und Plätze angelegt.

Die Amsterdamer Schule

Amsterdamer Schule heißt der neue Baustil, der um 1910 entstand und bis in die dreißiger Jahre reichte. Diese neue Architektur, eine typisch Amsterdamer Angelegenheit, ist hauptsächlilch auf dem Gebiet des Sozialwohnungsbaus bahnbrechend gewesen. Ausländische Fachleute nannten Amsterdam oft das Mekka für den Bau von Sozialwohnungen. Merkmale dieses neuen Stils sind u. a. die auffallende Vorliebe für bunten Backstein, expressive und plastische Formgebung, reiche Schattenwirkung und ziem-

AMSTERDAMSCHE WONINGSTICHTING
„DE DAGERAAD"
VOLTOOID MAART 1923

Häuser am Henriette Ronnerplein

lich pompöse Dekoration. Berlage war mit seiner Börse (1903) am Damrak einer der großen Vorläufer dieser neuen Richtung. Mit seinem zweiten Plan (1915–1917) hat Berlage in hohem Maße die städtebauliche Gestaltung von Amsterdam-Süd bestimmt. Nach Entwürfen der Architekten der Amsterdamer Schule (u. a. De Klerk und Kramer), die mit Berlage die Vorliebe für 'ehrliche' Materialien wie Backstein, Holz, Naturstein und das Bemühen um eine fachmännische Ausführung gemeinsam hatten, kam innerhalb seines

Die Börse von Berlage auf dem Damrak

Straßenplans eine große Zahl von Häuserblocks zustande. Sowohl eine gewisse Monumentalität als auch ein spielerisches Element in Form von Dekorationen war diesen Architekten wichtig. Die Auffassung, daß die Giebel einer Häuserzeile ein Ganzes bilden, erzielte die beabsichtigte Monumentalität; die Anwendung vor- und zurückspringender Teile, Erker, Balkone, wellenartiger Dachlinien, zurückstehender Portale, verlieh der Steinwand Bewegung und Masse. Charakteristisch für den Baustil sind die von diesen Architekten gefundenen Lösungen für die senkrechte Schnittlinie zweier Giebelflächen. Die Asymmetrie der in die Giebelwand gesetzten Dekorationen, Erker und Balkone wirkt ausgesprochen spielerisch.

Vom handwerklichen Ausgangspunkt der Amsterdamer Schule zeugen die verschiedenartigen Maße und Farben des Backsteins und das oft sehr komplizierte Mauerwerk. Im Scheepvaarthuis (Schiffahrthaus) des Architekten J. M. van der Meys wurden mehr als 200 an Farbe und Maß verschiedene Backsteinsorten verwendet.

In diesem Baustil weichen die Fenster oft vom Üblichen ab; parabolische Formen mit vorspringenden Rundungen in hohlen oder rundlichen Rahmen zeigen die Verwandtschaft mit dem Jugendstil. Auch die Großzügigkeit in der Verwendung von Plastiken ist charakteristisch für die Architektur der Amsterdamer Schule. Vor allem in vielen Eingängen und an den Ecken der Blocks des genossenschaftlichen Wohnungsbaus findet man Gedenktafeln und Frauen- und Männerfiguren als Symbol der Arbeiterklasse. Die Reliefs sind meist aus Naturstein oder Beton, manchmal auch aus gemauertem Backstein. Die Künstler der Epoche, vor allem die Architekten, bekannten sich zum Ideal der Gemeinschaftskunst, in der Bauen, handwerkliche Materialbearbeitung, Bauplastik, die bildenden und dekorativen Künste und das Kunstgewerbe integriert werden sollten – als Vorbild für eine bessere Gesellschaft. Jedem Entwurf, sei es für eine Brücke, eine Badeanstalt, eine Wohnung oder eine Schule, wurde die gleiche Aufmerksamkeit gewidmet. Ähnlich ausdrucksvolle plastische Formen wie in der Architektur findet man auch bei Möbeln, Glas, Keramik und Textilien, wenn auch der Unterschied zu ›Art nouveau‹ und ›Art Déco‹ manchmal kaum zu erkennen ist.

Das Ende dieser schöpferischen Epoche der Amsterdamer Baukunst war vor allem durch wirtschaftliche Faktoren bedingt: Die Krise der dreißiger Jahre führte zwangsläufig zu Einsparungen. Auch auf künstlerischem Sektor entwickelte sich eine Gegenbewegung, die als Funktionalismus zu bezeichnen ist und die den Städtebau nicht länger als eine rein künstlerische, sondern vielmehr als eine technische und wissenschaftliche Angelegenheit betrachtete. Gute Beispiele für den typischen Stil der Amsterdamer Schule sind u. a. das Schiffahrtshaus (Scheepvaarthuis) an der Prins Hendrikkade (1916), die Sozialwohnungen in der P. L. Takstraat und am Meerhuizenplein (Süden), um den Spaarndammerplantsoen (Westen) und den Henriette Ronnerplein (Süden).

Im Café Americain am Leidse Plein ▷

Kulturzentrum Amsterdam

Seit Jahrhunderten ist Amsterdam, sowohl national als auch international, ein wichtiges Kulturzentrum. Amsterdams wirtschaftliche Hochblüte im 17. Jahrhundert, dem sogenannten 'goldenen' Jahrhundert, ermöglichte – auch dank einem hohen Maß an Freiheit und Toleranz – ein vielfältiges kulturelles Leben. Nicht nur die Malerei (niederländische Schule), sondern auch Musik, Kartographie und Literatur erlebten im 'goldenen' Jahrhundert und in den nachfolgenden Jahrhunderten ihre Blütezeit. Unzählige Schätze der bildenden Kunst wurden in den drei Museen rings um den Museumplein konzentriert: Im Rijksmuseum, im Stedelijk Museum und im Rijksmuseum Vincent van Gogh.

Amsterdam ist aber auch eine Stadt der Musik, der Oper und des Balletts. Im Stadttheater (Stadsschouwburg) finden ständig Aufführungen des Publiekstheater, der Nederlandse Opera Stichting und des Nationaal Ballet statt, während das weltberühmte Concertgebouw-Orchester die Stadt auf hohem musikalischen Niveau repräsentiert. Darüber hinaus hat sich in einer immer wachsenden Zahl von Konzertsälen und Theatern ein abwechslungsreiches und fesselndes Randgeschehen entwickelt mit monatlich etwa 1000 Veranstaltungen.

Die Museen

Neben einer großen Anzahl Galerien beherbergt Amsterdam 40 Museen. Für die vielen kleineren, aber deswegen nicht weniger interessanten Museen verweisen wir auf die Aufstellung der Museen und Sammlungen im gelben Informationsteil. Hier konzentrieren wir uns auf die wichtigsten.

Das *Rijksmuseum* (Staatsmuseum) am Stadhouderskade wurde 1885 eröffnet als vorläufig letzter Nachfolger des ersten von der Obrigkeit gegründeten und finanzierten Museums, der ›Nationale Konstgallerie‹ in Den Haag. Die Sammlung stammte zum Teil aus dem Kunstbesitz des ehemaligen Statthalters Willem V. 1808 wurde das Museum in Amsterdam in einigen Sälen im oberen Stockwerk des Dampalastes untergebracht, der neuen Resi-

Rembrandts *Nachtwache* im Rijksmuseum

Rembrandt, *Die Staalmeesters*

Vermeer, *Das Küchenmädchen*

denz des Königs von Holland, Ludwig Bonaparte. Es wurde umbenannt zum ›Koninklijk Museum‹. Platzmangel zwang die Verwaltung, die zeitgenössische Kunst anderweitig zu deponieren, aber trotzdem blieben die Palasträume vollkommen unzureichend für die Ausstellung der schnell wachsenden Staatssammlung. Das sogenannte ›Trippenhuis‹ war die nächste Station: 1816 wurde die Sammlung in diese große Patrizierwohnung am Kloveniersburgwal gebracht. Auf die Dauer war auch diese zu klein, und nach mühsamen Verhandlungen entschloß man sich zum Bau eines Staatsmuseums. Es wurde nach einem Entwurf des Architekten Dr. P. J. H. Cuypers im Neorenaissancestil erbaut und 1885 eröffnet. Nicht nur die Gemälde, Zeichnungen und Stiche aus dem Trippenhuis, sondern auch alle Gemälde aus dem Besitz der Stadt, darunter eine große, reichhaltige Sammlung – u. a. Rembrandts *Judenbraut* –, die der Stadt von einem Sammler vermacht worden war, wurden im neuen Museum untergebracht. Weiter wurde auch das *Nederlandsch Museum voor Geschiedenis en Kunst* aus Den Haag einverleibt; daraus entstanden später die Abteilungen Bildhauerkunst, Kunsthandwerk und niederländische Geschichte. Auch nach der Gründung des Museums sind die schon umfangreichen Sammlungen weiter angewachsen.

Jacob van Ruisdael, *Die Mühle von Wijk bij Duurstede*

Daneben sind neue Ansichten über Museumseinrichtung und -ausstellung zur Geltung gekommen: Wo vorher Dutzende von Gemälden die Wände überdeckten, findet man jetzt nur eine sorgfältige Auswahl. Alle Werke, die wegen Platzmangels nicht ausgestellt werden können, wurden zusammengebracht in der sogenannten ›Studiensammlung‹. Auf Wunsch kann man sich diese Fülle von dicht aneinandergereihten Gemälden ansehen.

Das Rijksmuseum verdankt seinen Ruhm vor allem der Sammlung niederländischer Maler des 17. Jahrhunderts: Rembrandt ist mit mehr als zwanzig Werken vertreten, wie *Die Judenbraut*, *Die Staalmeesters* (der Vorstand der Tuchmacherzunft) und *Die Nachtwache*, um uns auf die bekanntesten zu beschränken. Das letztere wurde 1975 mit einem Messer schwer beschädigt, aber inzwischen restauriert und mit einer neuen Firnisschicht versehen. Weiter gibt es bedeutende Bilder von Johannes Vermeer (vier Werke, darunter *Die Gasse* und *Das Küchenmädchen*), Frans Hals (*Der fröhliche Trinker*), Jacob van Ruisdael *(Die Mühle von Wijk bij Duurstede)* und Jan Steen *(Der Sanktniklausabend)*. Eine typische Eigenschaft der niederländischen Malerei aus dieser Epoche ist das kleine Format! Die Bilder, oft gemalt im Auftrag wohlhabender Büger, sollten in kleine Räume passen. Bilder größeren Umfangs waren meist für öffentliche Gebäude wie Schützen- oder Rathäuser gemacht.

Im Besitz des Rijksmuseum finden sich auch bedeutende Werke großer italienischer und spanischer Meister und eine interessante Sammlung niederländischer Malerei des 18. und 19. Jahrhunderts. Außerdem gibt es eine Abteilung Bildhauerkunst und Kunsthandwerk mit Plastiken des 15. Jahrhunderts, Silberwerk, Möbeln, Glaskunst und einer umfangreichen Sammlung Delfter und Meißner Porzellans. Einen Überblick über die niederländische Geschichte bis zu der jüngsten Vergangenheit gibt die Abteilung niederländische Geschichte.

Das ›Prentenkabinet‹ (Kupferstichkabinett) besitzt mehr als eine Million Zeichnungen und Stiche, von denen eine wechselnde Auswahl ausgestellt wird. Die Zeichnungen und Radierungen Rembrandts und das fast vollständige graphische Œuvre Albrecht Dürers sind darin die absoluten Höhepunkte. Besonders sehenswert ist auch die Abteilung asiatischer Kunst mit Kunstgegenständen aus Süd- und Südostasien und dem Fernen Osten.

Frau Asselman, Informationsbeauftragte des Rijksmuseum, äußert ihre ganz persönliche Sicht des Museums und seiner Besucher:
»Jahrelang waren es hauptsächlich Amerikaner, die das Museum besuchten. Der gesunkene Dollarkurs hat das Geschäft verdorben, aber bei steigenden Kursen zählen wir sie wieder busweise. Meistens kommen sie direkt zum Auskunftsbüro mit ihrem Problem: 'Unser Führer hat gesagt, in diesem Museum gäbe es etwas Sehenswertes, das wir uns nicht entgehen lassen dürfen. Leider habe ich vergessen, was es war, also weiß ich nicht, nach was ich mich erkundigen soll'. Diese Leute können wir geradewegs zur *Nachtwache* schicken. Auf die Länge lernt man einen Ausländer vom anderen unterscheiden. Ein Franzose z. B. weiß, wovon er spricht und was er sehen will. Er scheint ein wenig hochmütig, aber er ist gut informiert. Auch die Deutschen haben sich mit einem kleinen Reiseführer einigermaßen vorbereitet und gehen sehr gründlich auf die Auskunft ein. Bei den Holländern ist das alles nicht so klar: Wir haben zwar ständige Kunden, die sich bestimmte Kunstgegenstände noch einmal ansehen wollen, aber auch 'Anfänger', die vorher noch nie in einem Museum waren. Mit ihnen haben wir allerdings selten zu tun. Normalerweise kommen 65 % der Besucher aus dem Ausland, im Sommer sogar 85 %. Auch Japaner zeigen manchmal ein ganz spezifisches Verhalten: Kaum sind sie hereingekommen, kaufen sie sich eine Postkarte mit der *Nachtwache* und durchqueren im Schnellauf, ohne sich anderes anzusehen, das Museum, bis sie das Bild wiedererkennen. Noch immer erscheint die *Nachtwache* als das große Zugpferd. Sie gehört zu den drei meist verlangten Auskünften: 'Wo ist die Nachtwache?', 'Wo ist das Klosett?' und 'Wo ist das Restaurant?' Oft wissen die Leute gar nicht, was die *Nachtwache* überhaupt darstellt. So lebte ein englisches Ehepaar in der Annahme, das

Frau Asselman

Bild sei die Darstellung einer Mutter, die bei ihrem kranken Kind wacht. Manche stellen sich auch eine Uhr dabei vor. Dann erkläre ich geduldig einmal mehr, daß *Nachtwache* ein späterer Titel für dieses Bild von 1642 ist, und daß der wirkliche Titel *Die Kompanie des Hauptmanns Banning Coq und Leutnants Ruytenburgh* lautet. Die Darstellung Rembrandts zeigt den Moment, in dem der Hauptmann seinem Leutnant befiehlt, die Schützen marschieren zu lassen. Es handelt sich also nicht um die Darstellung einer Gruppe Nachtwächter. In einer Beschreibung des Bildes aus dem Jahre 1808 wird zum ersten Mal von einer ›Nachtpatrouille Rembrandts‹ gesprochen. Das wurde abgeändert zur ›Nagtwagt‹, und dabei hat man es bis heute gelassen. Natürlich ist es ein prächtiges Gemälde, aber es zeigt sich oft, daß andere Maler des 17. Jahrhunderts, wie Vermeer und Jan Steen z. B., den Leuten eher zusagen. Wahrscheinlich wegen der Erkennbarkeit in der Schilderung des Alltags. Jegliche Symbolik entgeht dem Publikum, aber es bleibt immer noch genügend zum Genießen übrig. Von manchen Symbolen wissen wir, was sie repräsentieren: Ein Glas z. B. spielt auf die Vergänglichkeit des Lebens an, ein Vogel symbolisiert die Sexualität, ein Dudelsack die Homosexualität. Aber noch lange nicht alle Symbole sind von den Kunsthistorikern entschleiert.

Die Museumssammlung wird allmählich zu groß. Im Keller findet sich die Studiensammlung, eine 'zweite Wahl' aus Malerei und Kunsthandwerk. Es ist eher eine Art Depot, das nur wenige anzieht. Die Sammlung wird nicht verkauft, was immerhin schade ist, denn in dem Fall käme mehr Geld frei um Neues zu erwerben. Dahinter steckt die Philosophie der Verwaltung, daß der Geschmack sich im Laufe der Zeit ändert und daß in vielleicht zwanzig Jahren Werke aus der Studiensammlung mehr geschätzt werden könnten als die, die jetzt in der Ausstellung hängen. So ist z. B. das Interesse, vor allem unter Jugendlichen, für Art Déco und Jugendstil so gewachsen, daß man sich jetzt darum bemüht, im Museum davon eine Sammlung anzulegen.

Persönlich finde ich es schade, daß das Publikum so einseitig den Akzent auf die Malerei legt: Es wendet sich auf Anhieb immer sofort den Gemälden zu. Wir haben aber eine Abteilung Bildhauerkunst und Kunsthandwerk, die ganz hervorragend ist. Sie umfaßt z. B. eine glänzende Sammlung Delfter Keramik und Meißner Porzellans und schöne Silberwaren. Mir gefällt vor allem das Silber des 18. und 19. Jahrhunderts. Das Silber des 17. Jahrhunderts ist nach meinem Geschmack überladen. Wie lange gehe ich jetzt schon durch die Säle dieses Museums, aber immer noch verlangsame ich beim Silber den Schritt!«

Das *Stedelijk Museum* (Städtisches Museum) hat den Auftrag, zeitgenössische Kunst auszustellen: 1885 hatten die Kunstschätze der Stadt im Rijksmuseum eine ihrem Wert angemessene Behausung gefunden, aber das Bedürfnis nach einer passenden Umgebung für die Ausstellung zeitgenössischer Kunst war geblieben. Der direkte Anlaß zu dem Entschluß der Stadtobrigkeit, den Stadtbaumeister A. W. Weismann mit dem Bau eines solchen Museums zu beauftragen, war das Legat von Sophia Augusta de Bruyn († 1890). Durch die Annahme ihres Besitzes, darunter eine große Sammlung Möbel, Porzellan, Juwelen und Silberwaren, übernahm die Stadt die Verpflichtung, dafür ein Museum einzurichten. 1895 wurde dies unter dem Namen ›Sophia Augusta Stiftung‹ eröffnet. Bis Anfang der siebziger Jahre, als eine Erweiterung der Ausstellungsräume für moderne Kunst notwendig wurde, blieb diese Sammlung in den ›Stilkammern‹ im linken Flügel des Museums bewahrt. Die übrigen Räume zeigten andere Sammlungen, darunter die 'Basis-Sammlung' des Museums (gesammelt von einem Verein und 1948 dem Museum geschenkt), hauptsächlich zusammengesetzt aus Werken niederländischer Maler der zweiten Hälfte des 19. Jahrhunderts.

Äußerlich zeigt das Stedelijk Museum, aufgebaut aus Natur- und Backstein wie das Rijksmuseum, Merkmale der Neorenaissance. In den Nischen an der Vorderfront stehen die Statuen Hendrick de Keysers und Jacob van Campens, der Baumeister des 17. Jahrhunderts. Das Innere wurde wiederholt umgebaut, aber die Ausstellungsräume und die Beleuchtung können, auch dank der Glasüberdachung, sogar modernen Anforderungen genügen. In den fünfziger Jahren ergriff Willem Sandberg, von 1954 bis 1963 Direktor die-

Stedelijk Museum, Skulpturenpark

ses Museums, die Initiative zu einer umfangreichen Vergrößerung: Das ›Kabinett‹ kam zustande, im Gartensaal wurden Restaurant, Bibliothek und Lesesaal eingerichtet. Außerdem wurde der neue Flügel an der Van Baerlestraat eröffnet. Damit hatte das Museum seinen verschlossenen Charakter verloren: Von der Straße her sieht man durch die Glasfassade und hat einen freien Blick auf das Geschehen im Innenraum. War das Museum anfangs noch ein Konglomerat verschiedenartiger Sammlungen, so nahm die Zahl der Ausstellungen zeitgenössischer Kunst unter Sandberg langsam zu. Dieser energische Museumsleiter war international orientiert, nicht nur bei Ausstellungen (er organisierte 1949 die große Cobra-Ausstellung), sondern auch in der Ankaufpolitik. So wurden Werke Kirchners und anderer deutschen Expressionisten, Gabos und Lipschitz', aber auch niederländischer Expressionisten wie Kruyder erworben. Mit dem Ankauf von Werken Karel Appels, Corneilles, Luceberts, Jorns, Constants und Pedersens wurde der Grundstein einer Cobra-Sammlung gelegt. Ein wichtiger Platz wurde Kasimir Malewitsch eingeräumt: 1958 wurde auf Sandbergs Anregung eine einzigartige Sammlung von Gemälden, Zeichnungen und theoretischen Erziehungsschemata angekauft. Mit dieser Malewitsch-Sammlung und der Sammlung der ›Stijl‹-Gruppe (Mondriaan, Rietveld, Van Doesburg und Van der Leck) besitzt das Museum bedeutende Grundlagen der abstrakten Kunst.

Eine Sammlung von Kunst nach 1960 war das Hauptanliegen von Sandbergs Nachfolger, Dr. E. de Wilde. Da gibt es einen klaren Zusammenhang zwischen der Ausstellungspolitik und dem Sammlungsaufbau. Es wurden Werke von Künstlern wie Dubuffet, De Kooning, Tinguely, Dibbets und

Im Rijksmuseum Vincent van Gogh

Ryman angekauft. Außerdem besitzt das Museum verschiedene Gruppen von Kunstwerken, die manchmal auch als solche ausgestellt werden: Die Cobra-Maler, Nouveau Réalisme (Neorealisten wie Klein Arman, Spoerri, Raysse), Pop Art (Johns, Oldenburg, Warhol, Rosenquist), Minimal Art (Schoonhoven, Visser, Flavin, Bell). In den letzten Jahren wurden auch Werke von Italienern (Paolini, Penone) angekauft. Während der Sommermonate zeigt das Museum einen wichtigen Teil der eigenen Sammlung, aber von September bis Juni ist Ausstellungssaison und der Bestand wird nur zum Teil ausgestellt.

Im ›Kabinett‹ ist seit 1981 auch die Fotografie untergebracht. Die Sammlung ist zusammengesetzt aus Graphik, Zeichnungen, Aquarellen, Collagen und Fotos niederländischer und ausländischer Künstler (vor allem aus der Periode nach 1940). Man kann sich die Sammlung im Studiensaal ansehen; Öffnungszeiten: Montag bis Freitag von 14.00 bis 17.00 Uhr.

In den Monaten von September bis Mai organisiert das Museum seine Samstagnachmittagskonzerte zeitgenössischer Musik. Die Konzerte fangen um 15.00 Uhr an, Museumsbesucher haben freien Zutritt.

Das *Rijksmuseum Vincent van Gogh,* gebaut nach einem Entwurf Gerrit Rietvelds und nach seinem Tode (1964) von J. van Tright vollendet, wurde 1973 eröffnet. In diesem Museum ist an erster Stelle eine große Sammlung von den Werken Vincent van Goghs (1853–1890) untergebracht. Der Besitz von V. W. van Gogh, dem Sohn von Vincents Bruder Theo, bildet die Grundlage dieser Sammlung. Sie umfaßt jetzt 150 Gemälde, etwa 400 Zeichnungen und den Briefwechsel zwischen Vincent und seinem Bruder Theo; teilweise hat sie sich seit 1939 als Leihgabe im Stedelijk Museum befunden, zum anderen Teil befand sie sich in der Privatsammlung van Goghs. Außerdem besitzt das Museum durch Schenkung auch die Sammlung Theo van Goghs. Diese gehörte der ›Theo van Gogh Stiftung‹ und umfaßte mehr als 150 Gemälde und Zeichnungen Gauguins, Bernards, Toulouse Lautrecs, Monticellis und anderer Zeitgenossen Vincent van Goghs. Die Dauerausstellung eines Teils der eigenen Sammlung und die wechselnden Ausstellungen zielen darauf ab, aus verschiedenen Blickwinkeln die Persönlichkeit van Goghs und das Kunstgeschehen seiner Zeit besser zu beleuchten. Auch die Perioden vor und nach van Goghs Wirken als Maler werden beachtet.

Vincent van Gogh, *Boote am Strand, Saintes-Maries de la mer*

Vincent van Gogh, *Der Weber*

Amsterdams Historisch Museum. Man hat die Qual der Wahl, wenn man sich aus den vielen verschiedenartigen Museen Amsterdams noch ein weiteres Museum aussuchen möchte, aber weil wir Sie durch Amsterdam führen, darf ein Museum, das die Vergangenheit der Stadt dokumentiert, nicht fehlen.

Das Museum hat seinen Sitz im ehemaligen Bürgerwaisenhaus, einem Gebäudekomplex, der bis 1578 als Kloster in Gebrauch war und nach der Reformation mit allen anderen katholischen Besitztümern von der dann kalvinistisch gesinnten Stadtverwaltung konfisziert wurde. In den Jahren 1634/35 wurde der Komplex von Jacob van Campen drastisch umgebaut. Erst 1960, als die Waisen eine neue Behausung bekamen, wurde das Waisenhaus an der Kalverstraat verlassen.

Es gab zwar Pläne, hier ein städtisches Museum zu gründen, aber das verlangte eine gründliche Restauration. Die Tatsache, daß das ganze Gebäude unter Denkmalschutz steht und seinen ursprünglichen Charakter also behalten müßte, würde den Architekten ihre Aufgabe noch erschweren. Bei dem zehnjährigen Umbau hat man sich vor allem die zentrale Lage des Museums in der Innenstadt zunutze gemacht. Mit der ›Schützengalerie‹ z. B., wo eine Reihe von großen Gruppenbildern hängt, wie wohlhabende Amsterdamer sie von sich selbst machen ließen, wurde eine 'Museumsstraße' geschaffen, durch die man als Besucher fast unbemerkt in das Museum hineinspaziert.

Bob Haak, Museumsdirektor des Historischen Museums, in der Museumsstraße

Das Museum gibt einen Überblick über die Geschichte Amsterdams vom 13. Jahrhundert an bis zum heutigen Tag. In 17 Sälen wird an Hand von archäologischen Funden, Gemälden, Gold- und Silberwaren, Glasarbeit, Keramik und Porzellan die Entwicklung von der Siedlung zur Weltstadt gezeigt. Besondere Aufmerksamkeit wird selbstverständlich dem 'goldenen' Jahrhundert gewidmet: Die ursprüngliche Regentenkammer ist in ihrem authentischen Zustand erhalten geblieben. In den Abteilungen des 19. und 20. Jahrhunderts verschafft die Fotografie ein klares Bild dieser Periode.

Auf dem eindrucksvollen, zum Meditieren geradezu einladenden, inneren Hof werden während der Sommermonate regelmäßig Konzerte veranstaltet.

Auskunft über weitere Museen erhalten Sie im Verkehrsamt (V.V.V.) oder im ›Uitkrant‹, dem monatlichen Gratisblatt.

Die Wandmaler-Gruppe ›Kukeleku‹ bei der Arbeit

Die Amsterdamer Musikszene spielt sich auf ganz verschiedenen Ebenen ab. Von den zahlreichen 'alternativen' Chören und Orchestern, die bei besonderen Veranstaltungen wie Straßenfesten und Kundgebungen auftreten einmal abgesehen, kann man sich die Orgel- und Glockenspielkonzerte, die Drehorgel und die bunte Gesellschaft der Straßenmusikanten, die Freiluftkonzerte (z. B. im Vondelpark) und die zunehmende Zahl der Jazzveranstaltungen nicht mehr aus der Stadt wegdenken. Konzertsäle für das offizielle Musikgeschehen haben sich weitgehend spezialisiert: für Renaissance- und Barockmusik benutzt man die dazu besonders geeigneten Kirchenräume wie Oude Kerk, Waalse Kerk (Wallonische Kirche) und die Englische Kirche, die zeitgenössische Musik besitzt im IJsbreker ein eigenes Zentrum, und die Zahl der 'Jazz-Cafés' wächst noch immer an. Aber der wichtigste Platz, wo sich Musiker aus aller Herren Länder begegnen, ist noch immer das berühmte Concertgebouw:

Das *Concertgebouw.* Als Johannes Brahms 1879 nach Amsterdam zur Ausführung seiner dritten Symphonie eingeladen wurde, mußte er mit einem Gelegenheitsensemble vorliebnehmen. Das Resultat entlockte ihm die Bemerkung: 'Ihr seid liebe Leute, aber schlechte Musikanten'. Das haben die Amsterdamer sich nicht sagen lassen wollen, und die Musikfreunde gaben keine Ruhe mehr, bevor ein vollwertiges Orchester gegründet worden war. Vorher war das Amsterdamer Musikleben beschränkt auf Hauskonzerte, Aufführungen im kleinen Konzertsaal von Felix Meritis (heute Shaffy-Theater) und Sommerkonzerte im Parksaal. 1882 wurde mit Finanzhilfen reicher Kaufleute und anderer Bürger die ›Het Concertgebouw‹-A.G. gegründet, mit dem Zweck, einen Konzertsaal für etwa 2000 Personen zu bauen und ein damit verbundenes Orchester zu gründen. Schon 1888 konnte das Concertgebouw, nach einem Entwurf des Architekten A. L. van Gendt, mit einem Konzert eines vielversprechenden, 65 Mitglieder zählenden Ensembles, unter der Leitung des Dirigenten Willem Kes, eröffnet werden.

Anfangs war Kes wegen seiner strengen Haltung nicht gerade beliebt bei seinem Amsterdamer Publikum: Zuspätkommende fanden die Türen verschlossen, und Plaudern während des Konzerts – ganz üblich zu jener Zeit –

Im ›Concertgebouw‹

veranlaßte den Dirigenten, die Aufführung zu unterbrechen. Auch dem Servieren von Erfrischungen während der Aufführung wurde ein Ende gesetzt. Kes hat recht behalten. Als der 24jährige Willem Mengelberg ihm 1895 nachfolgte, fand er ein Orchester von hoher künstlerischer Qualität und ein aufmerksam zuhörendes Publikum vor. Mengelberg gab dem Concertgebouw-Orchester seinen eigenen Klang. Seinen Weltruhm verdankt das Orchester nicht nur den vielen Auslandtourneen, sondern vor allem diesem Dirigenten. Das symphonische Gedicht *Ein Heldenleben* widmete Richard Strauss Mengelberg und seinem Orchester; Gustav Mahler dirigierte selbst seine Vierte Symphonie, überreichte dann Mengelberg den Taktstock für eine Wiederholung des Werks. Berühmte Gastdirigenten wie Pierre Monteux, Bruno Walter, Strawinski, Hindemith und Milhaud standen während Mengelbergs Reisen am Pult des Concertgebouw. Seine nazifreundliche

Haltung während des Zweiten Weltkriegs führte dazu, daß der damals 74jährige Dirigent suspendiert wurde und bald danach ins Ausland ging. Der damalige zweite Dirigent, Eduard van Beinum, trat 1945 an seine Stelle. Eduard van Beinum drückte dem Orchester sehr stark den Stempel seiner Persönlichkeit auf und machte mit ihm die erste Tournee durch die Vereinigten Staaten. Anläßlich seines silbernen Jubiläums als Dirigent hat er seine Aufgabe wie folgt umschrieben: ». . . eine Mittelsperson zwischen Publikum und Komponisten, dessen musikalischer Gedanke möglichst rein und ehrlich zum Ausdruck kommen muß«. Im April 1959 starb van Beinum während einer Probe mit seinem Orchester. 1964 wurde Bernard Haitink, nachdem er während einiger Zeit das Orchester schon gemeinsam mit Eugen Jochum geleitet hatte, zum festen Dirigenten ernannt. Haitink verwaltet mit dem gebührenden Respekt, zusammen mit seinem inzwischen zu 114 Musikern angewachsenen Orchester das reiche musikalische Erbe seiner Vorgänger: eine blühende Mahler- und Bruckner-Tradition. Außerdem ist er auch ein Verfechter der avantgardistischen und experimentellen Musik. Trotz vieler Verpflichtungen im eigenen Land unternimmt das Orchester fast jährlich wichtige Konzertreisen in andere europäische Länder. So ist es regelmäßig zu Gast in der Bundesrepublik, in England, in der Schweiz und in Österreich. Neben seinem wegen der Akustik hoch gepriesenen großen Saal, verfügt das Concertgebouw auch über einen kleinen Saal für Aufführungen von Kammermusik.

Frau Nel Böhne (72) kennt das Concertgebouw und sein Publikum aus einem ganz anderen Blickwinkel: Sie trägt die Verantwortung für die Toiletten des kleinen Saals und erzählt mit Freude über ihre Erfahrungen: »Hier kennen mich alle, weil ich immer mit der Naschdose umhergehe. Für die Kinder und als Trost für Zuspätkommende, die noch nicht hineingehen dürfen. Manchmal verteile ich auch Nascherei hinter der Bühne unter den Solisten. Männer sind die schlimmsten Nascher!

Ich arbeite hier seit sieben Jahren. Nach dem Tode meines Mannes, der Chordirigent war, wollte ich den Kontakt mit der Musikwelt beibehalten. Als ich erfuhr, daß die Toiletten des kleinen Saals zu verpachten waren, habe ich mich sofort gemeldet. Nicht des Geldes wegen natürlich, denn soviel bringt das nicht ein, sondern nur weil ich ganz begeistert bin von der Musik und weil ich gern unter den Menschen bin. Ich sorge auch immer für ein bißchen Gemütlichkeit: ein paar Blümchen vor dem Spiegel und mit jedem ein Schwätzchen. Ich gehe nur zur Arbeit, wenn der Saal voll besetzt ist. Wenn ein unbekannter Ausländer auftritt, weiß ich schon: Es kommt nur eine Handvoll, ihn zu hören, und ich kann gut zu Hause bleiben. Aber bei der Konzertreihe Z – das ist die teure –, da gibt es viele aus meiner Kundschaft. Die Leute kommen mir die Hand schütteln, und manchmal tröste ich einen, der traurig ist. Auch die Frauen vom Chor machen bei mir Pipi. Sie

finden es direkt gemütlich bei mir. Einmal hatte ich auch die Prinzessin Christina bei mir. Ich habe mir natürlich nichts anmerken lassen. Geld hatte sie keines bei sich, aber sie war sehr freundlich, also fand ich es überhaupt nicht schlimm.

Ich höre gern zu. Ich darf mich in die Dirigentenloge setzen, und das mache ich gern, vor allem wenn Beethoven gespielt wird oder Mozart. Bei der Neunten von Bruckner, da wird mir kalt. Jede Musikart hat ihr eigenes Publikum: Wenn man in einem klassischen Programm mittendrin plötzlich ein modernes Stück spielt, dann kommen die Frauen sich bei mir beklagen. Aber das Publikum der Konzertreihe C z. B. – das ist am Sonntagnachmittag und da wird nur moderne Musik gespielt –, ja, diese Leute sind extra dafür gekommen. Dann sehe ich manchmal ganz alte Damen, die ich seit Jahren kenne. Sie finden es sogar schön. 'Man muß alles hören lernen!' sagen sie mir. Ich habe es versucht, aber ich weiß es nicht zu schätzen. Mir klingt es nicht gut. Während des Holland Festivals hatten wir hier ein modernes Werk, und das klang, ich kann es nicht anders sagen, wie ein ganz langsames, hohes Piepsen, eine Art Winseln eigentlich. Das geht einem durch die Zähne, und das Personal im Korridor bekam fast einen Schlaganfall. Dann kommt auch wenig Publikum. Wenn aber z. B. Pollini spielt, dann werden zusätzlich noch Stühle auf das Podium gestellt. Bis zu 2600 Leute finden dann Platz im großen Saal. Die Abende mit dem großen Symphonieorchester und einem guten Solisten, das sind für mich die schönsten. Und die schlimmsten: wenn leichte Musik gespielt wird, mit den Verstärkern auf dem Podium. Zum Glück gibt es hier keine Popkonzerte mehr. Das war grausam. Da wurden Schilder aufgehängt: ›Achtung vor Taschendieben‹. Und überall im Korridor sah man, wie das weiße Zeug gehandelt wurde. Die Toiletten waren verstopft von weggeworfenen Brieftaschen (woraus alles Geld geklaut war), und der Saal war einem Schutthaufen ähnlich vor lauter Bierdosen. So was gehört hier nicht hin. Ich mag die Musik auch nicht. Aber für Bruchs Violinkonzert könnten Sie mich mitten in der Nacht noch wecken. Wenn ich sehe, wie so ein Solist vor dem Auftritt ganz nervös im Korridor auf und ab geht, denke ich manchmal: Du, der Du so berühmt bist, es geht Dir gleichwohl an die Nerven. Wenn er dann spielt, spürt man nichts mehr davon.

Wie schön, nicht wahr, so eine Stelle, wo man die schönste Musik der Welt hören kann und noch dafür bezahlt wird? Und auf meine Art mache ich mich nützlich an meinem Plätzchen, wohin die Leute so gerne kommen, weil es gemütlich ist bei mir. Immer buntgefärbte Tüchlein, leise Musik. Solche Sachen sind wichtig. Wie ich immer sage: Die Toilette ist die Visitenkarte eines Gebäudes.«

Kammermusik- und Jazzkonzerte werden in nach Umfang und Atmosphäre sehr unterschiedlichen Sälen aufgeführt. Die Adressen sind im gelben Informationsteil anzutreffen.

In diesem Zusammenhang verdient das 1980 an der Weesperzijde auf Anregung des Hornisten Jan Wolff eröffnete Zentrum für zeitgenössische Musik *De IJsbreker* besondere Aufmerksamkeit:

Schon am Anfang des 18. Jahrhunderts stand an dieser Stelle eine Herberge gleichen Namens. Dieser Name ist vom Eisbrecher hergeleitet, dem mit Eisen beschlagenen Schiff, das vor der Fuhrmannsherberge in der Amstel lag und das in einem strengen Winter, gezogen von 48 Pferden, angefeuert von zahlreichen Zuschauern, eine Fahrrinne durch das Eis stieß. Auf diese Weise hatten die Schiffe, die den Nachschub von frischem Trinkwasser für die Amsterdamer Brauereien besorgten, freie Fahrt. Als die Brauer auf den Gebrauch von Dünenwasser umschalteten, hatte die Herberge keine Bedeutung mehr. 1881 wurde der IJsbreker abgerissen und machte einer ›modernen‹ Gastwirtschaft Platz. Im neuen IJsbreker, nach einem Entwurf van

Im ›IJsbreker‹

Gendts, des Architekten, der auch das Concertgebouw entworfen hatte, wurden nicht nur die 18 Billardtische intensiv benutzt: Hier diskutierten auch die Anführer der Arbeiterbewegung, und es wurden Versammlungen jüdischer Organisationen abgehalten, bis das Gebäude 1941 geschlossen wurde. Nach dem Krieg hat man noch versucht, ein Tanzlokal daraus zu machen, aber das Publikum blieb weg, und das Gebäude wurde an einen Textilmagnaten verkauft. Aus dem Eisbrecher wurde ein 'Preisbrecher'. Aber für die billigen Herrenanzüge wollte das Publikum sich nicht begeistern: Auch der Preisbrecher brach zusammen. Die Pläne der Stadtverwaltung, den IJsbreker als Auffangszentrum für Drogenabhängige einzurichten, scheiterte an den Protesten der Anwohner. 1979 bekam das Gebäude einen neuen Zweck, als Jan Wolff es für das geplante Musikzentrum kaufte.

Jan Wolff: »Als Hornist habe ich – mit zwei Ausnahmen – in allen 21 niederländischen Symphonieorchestern gespielt. Die Arbeit in einem Orchester hat große Ähnlichkeit mit Büroarbeit; ich wollte freier sein und begann deshalb als Freiberufler. Während der letzten zehn Jahre habe ich hauptsächlich improvisierte Musik gespielt, wie z. B. im Breukerkollektiv und in andern Ensembles, die zeitgenössische Musik aufführen. In dieser Zeit wurde mir klar, daß es uns für die kontinuierliche Entfaltung dieser Musik an einem wirksamen Zentrum mangelte. Der IJsbreker zeigte sich dazu besonders geeignet. Meine Frau, die Tänzerin Maureen Kramer, verfügt dort über einen Raum für ihre Ballettschule, wir konnten ein gemütliches Kaffeehaus eröffnen, und im großen Saal – bis zu 150 Stühlen – gelangt unsere Musik zur Ausführung. Die Gemeinde gab uns eine einmalige Subvention für Umbau und Einrichtung. Seit der Eröffnung im Dezember 1980 zeigt sich, daß moderne Musik, einmal weg aus der Atmosphäre vom Plüsch und Parkett des Concertgebouw, ein größeres Publikum anspricht. Vom September bis zum Juni wird hier jeden Donnerstag, unter dem Motto ›Zeitgenössische Musik ist gar nicht so dumm‹, gratis ein ›Kaffeepause-Konzert‹ gegeben. Anwohner und Büroangestellte aus der Wibautstraat kommen und hören z. B. zum ersten Mal in ihrem Leben die Musik von John Cage. Und sie gefällt ihnen auch! Wir werden überflutet von Bitten um Zusammenarbeit mit allerlei Organisationen, die sich mit der Musik des 20. Jahrhunderts beschäftigen. Es werden auch Theatervorstellungen, eine Mischung von bildender Kunst, Tanz und Theater, gegeben. Alles, was sich außerhalb des üblichen Repertoires bewegt, darf sich hier zeigen. Und das bestimme nur ich. Da gibt es auch keine Meinungsverschiedenheiten, und so gebe ich dem Zentrum ein klares ›eigenes Gesicht‹. Zum Glück habe ich keine Angst vor einem Fehlschlag. Wir haben auch einen intensiven Kontakt mit dem Zentrum für chilenische Kultur. Regelmäßig werden Konzerte südamerikanischer Musik veranstaltet, weit entfernt von politischen und demonstrativen Nebenzwecken. Vorläufig haben wir monatlich etwa 16 Konzerte. Das Publikumsinteresse ist groß. Vielleicht kommt das daher, daß die Musiker ein spürbares, wesentliches Interesse an dieser Musik haben. Komponisten und Musiker können sich hier begegnen, und auch die Proben finden hier statt. Aus all dem ergibt sich, daß der IJsbreker seinem Namen Ehre macht, und daß bezüglich zeitgenössischer Musik das Eis gebrochen zu sein scheint.«

Theater bietet Amsterdam den Liebhabern in Hülle und Fülle. Vor allem auf dem Gebiet der avantgardistischen Bühne gibt es vielerlei zu genießen. Nach der ›Aktion Tomate‹ von 1968, wobei idealistische, aber fanatische Jugendliche während einer Vorstellung im Stadsschouwburg die Schauspieler mit Tomaten bewarfen, um ihren Forderungen hinsichtlich des Aufbruchs aus der alten Theatertradition mehr Nachdruck zu verschaffen, hat sich viel geändert. Alternative Theatergruppen schossen wie Pilze aus dem Boden, alte, vergessene Theatersäle wurden restauriert und neueröffnet, mit neuem Repertoire. Der *Stadsschouwburg* (1894), wo das *Publiekstheater* spielt,

Stadsschouwburg

wurde das klassische Repertoire zugesprochen. Die Theatergruppe *Centrum,* im *Centrum-Bellevue,* spielt Stücke zeitgenössischer, hauptsächlich niederländischer Autoren. Im völlig restaurierten Theater *Frascati* am Nes arbeitet ständig die Theatergruppe *Baal,* die u. a. Werke von Brecht, Strauß und Handke im Repertoire hat. Der neue, ganz im alten Stil wiederaufgebaute *Brakke Grond* (ebenfalls am Nes, Anfang dieses Jahrhunderts noch das Vergnügungszentrum der Stadt), das Belgische Zentrum für die niederländische Kultur, bietet flämisches und niederländisches Theater. Das dritte Theater am Nes, der *Engelenbak,* steht offen für das Auftreten Hunderter Amateurschauspieler.

Das *Shaffy-Theater,* mit seinem Dreibühnensaal und Kinosaal, ist ein einzigartiges Zentrum, wo sich ausübende Künstler aller Art vorstellen können. Ein weiteres Theater der Avantgarde, vor allem ausländischer Herkunft, ist *Mickery.* Während der ganzen Saison treten hier internationale Theatergruppen auf. Die Theatergruppe *Het Werktheater,* zu guter Letzt, beschäftigt sich vor allen Dingen mit Improvisationen über gemeinsam gewählte Themen. Aus den Improvisationen wird für das weiterzuführende Projekt das beste Material gewählt und festgelegt. Ein jährlich wiederkehrendes Theaterereignis ist das vom Shaffy-Theater veranstaltete *Festival of Fools.* In diesem Rahmen besuchen international bekannte Clowns, Pantomime- und (Musik-)Theatergruppen Amsterdam und treten unter großem Publikumsbeifall in Parks, auf Straßen, Plätzen, in Theatern und in den Underground-Zentren Melkweg und Paradiso auf.

Ballett. Die größte Amsterdamer Tanzgruppe, das *Nationaal Ballet*, ist mit mehr als 80 Tänzern ebenso groß wie das Pariser Opernballett und das New York City Ballett. Das Repertoire des Nationaal Ballet stützt sich auf drei Pfeiler: die romantischen Ballette des 19. Jahrhunderts und vom ersten Viertel unseres Jahrhunderts, die zeitgenössischen, aber jetzt schon klassischen Tanzstücke des Amerikaners George Balanchines und die eigens für diese Gruppe entworfenen Werke der drei Hauschoreographen, Rudi van Dantzig, Hans van Manen und Toer van Schayk. Die Ballette dieser Choreographen gelangen u. a. auch in Israel, Japan und Nordamerika zur Ausführung.

Das *Scapino Ballet* wendet sich vor allem an die Jugend und bezweckt, Jugendliche zwischen 6 und 16 Jahren mit dem Theater überhaupt und besonders mit dem Ballett vertraut zu machen.

Eine dritte Tanzgruppe ist das *Internationaal Folkloristisch Danstheater*, das sich auf die Volkstänze aus dem Balkan und Israel verlegt hat. Daneben gibt es verschiedene kleinere, experimentelle Tanzgruppen, wie die Gruppen von *Pauline de Groot* und *Bianca van Dillen*. Pauline de Groot arbeitet mit der ›free floating‹-Technik des Amerikaners Erick Hawkins. Die Art, wie Bianca van Dillen arbeitet, ähnelt der ›minimal art‹. Beim Tanzen werden kleine Themen endlos wiederholt und variiert, und dabei kommt nichts anderes als reine Bewegung zum Ausdruck. Viele dieser Tanzgruppen treten im Shaffy-Theater an die Öffentlichkeit.

In einigen Sälen hat sich allmählich das Kabarett eingenistet: Nieuwe de la Mar, Tingel Tangel, Klein Bellevue.

Straßentheatergruppe beim Festival of Fools

Das Freilufttheater im Vondelpark zieht Jahr für Jahr ein immer größeres Publikum an: In der Sommersaison werden Popkonzerte veranstaltet, und für Künstler wie Django Edwards ist die Umgebung geradezu ideal.

Paradiso, Melkweg und *Kosmos* bleiben mit ihrem großen Angebot an Popmusik und alternativen Theaterereignissen, aber vor allem wegen ihrer Atmosphäre ein Anziehungspunkt für Jugendliche aus aller Welt.

Im ›Paradiso‹

Straßenmusiker in der Utrechtsestraat ▷

Mystery

Grachtenhäuser, die von innen zu besichtigen sind

Neben den großen Museen (Rijksmuseum, Stedelijk-Museum, Vincent van Gogh-Museum) finden wir in Amsterdam zahlreiche Einzelmuseen, die mit ihren Sammlungen zum Teil in alten Grachtenhäusern untergebracht sind.

Auf der Herengracht 605 findet man in einem prächtigen Patrizierhaus des 17. Jahrhunderts das *Willet-Holthuysen-Museum.* Dieses respektable Haus ließ sich der Bürgermeister Henrick Hooft 1672 bauen. Nach ihm bewohnten es einige Notablen, und im Jahre 1855 wurde es Eigentum der Familie Holthuysen, nach deren Aussterben es als Legat an die Stadt überging. Einrichtung und lokalgeschichtliche Sammlung vermitteln einen Eindruck von der bürgerlichen Wohnkultur des 'goldenen' Jahrhunderts. Inzwischen wurde auch der Garten restauriert und kann besichtigt werden.

Das *Toneel Museum* (Theatermuseum), Herengracht 168, beherbergt eine Sammlung des niederländischen Bühnenwesens. 1638 baute Philip Vingboons, ein bekannter Architekt, die ehemalige Zuckerbäckerei in ein Wohnhaus für einen Schöffen der Stadt um. Der Giebel dieses Hauses gehört zu den wichtigsten der Innenstadt, das erste Beispiel eines Halsgiebels. Um 1835 wurde das Haus vollständig umgebaut, wobei der Flur mit schönen Ornamenten, die Treppe und die Holztäfelungen der Zimmer mit Wandteppichen ausgestattet wurden. Als das Gebäude 1960 wieder der Öffentlichkeit zugänglich wurde, waren durch Restauration der Giebel und das Interieur vollständig wiederhergestellt.

Auf dem Oudezijds Voorburgwal 40 befindet sich in einem Handelshaus des 17. Jahrhunderts das *Museum Amstelkring.* Zu einer Zeit, als nur der reformierte Gottesdienst öffentlich zelebriert werden durfte, entstand hier eine Fluchtkapelle für die katholischen Bürger.

Auf der Jodenbreestraat Nr. 4 finden wir das *Rembrandt-Haus.* Der Künstler lebte hier von 1639–1658. Die Sammlung umfaßt Radierungen und Zeichnungen sowie persönliche Gegenstände des Malers.

Das Haus *Prinsengracht 263* erlangte Weltruhm durch ein aus Deutschland geflüchtetes jüdisches Mädchen, Anne Frank, die hier 1944 ihr Tagebuch schrieb.

Schließlich gibt es noch das Restaurant De Silveren Spiegel, Kattegat 4–6. Zwei malerische Häuschen *De Gouden und De Silveren Spiegel,* 1614 für Brigitte Spieghel gebaut. Die Verzierung der Treppengiebel besteht aus metallenen Handspiegeln.

21

22

23

24

25

26

27

28

30

31

32

29

33

34

35

36

37

8

restaurant
海
天
鮮海
菜
館
Heineken
Cafe
Dijk
120

Hausbesetzung und Stadtrenovierung

Viele Hausbesetzer sind der Meinung, daß die Besetzungen von leerstehenden Häusern und Fabriken als ›Stadtrenovierung‹ zu betrachten sind. So einfach liegt die Sache aber nirgends auf der Welt, also auch nicht in Amsterdam. Die Hauptstadt hat auch im eignen Land eine magische Wirkung, und viele sehen Amsterdam als die einzige richtige Stadt des Landes. Jährlich zogen und ziehen vor allem Jugendliche nach Amsterdam: Sie wollen dort studieren, arbeiten oder nur leben. Hinzu kommt, daß die Jugendlichen das Elternhaus immer früher verlassen: Sie suchen eine eigene Wohnung. Nebenbei stieg die Zahl der Ehescheidungen beträchtlich, und – neueste Entwicklung – viele ziehen eine Beziehung auf Distanz einer Heirat oder einem Zusammenleben vor und bestehen auf einer eigenen Wohnung. So muß es einer Stadt wie Amsterdam an Wohnraum mangeln. Als man gerade die kriegsbedingte Wohnungsnot bezwungen hatte, wurde die Stadtverwaltung mit diesen neuen Trends konfrontiert.

Auf der anderen Seite gibt es die historisch bedingte Entwicklung: Bis ungefähr 1870 hat man in Amsterdam nur innerhalb des Grachtengürtel gebaut. Dann kam der Aufschwung der Industrie, und Amsterdam entwikkelte sich zu einer Hafenstadt. Die Bauern, denen es auf dem Lande oft schlecht ging, zogen in die Stadt, wo die aufkommende Industrie wieder Arbeit versprach. Durch diese Zuwanderung stieg der Wohnungsbedarf: Außerhalb des Grachtengürtels entstanden neue Wohnviertel. Bis etwa 1930 hielt diese Entwicklung an, das heißt, daß die meisten Häuser in den Vorstädten 50 bis 100 Jahre alt sind. Folglich hat Amsterdam jetzt einen überalterten Wohnungsbestand: 60 % seiner Häuser wurden vor dem Krieg und nach dem Prinzip ›schnell und billig‹ gebaut. In Sachen Komfort entsprechen sie keineswegs dem heutigen Standard. Wo es möglich war, hat man eine Renovierung vorgenommen: Abreißen und Wiederaufbauen bedeutet nämlich, daß 50 bis 60 % der Wohnfläche verloren gehen. Bis jetzt hat Amsterdam elf Wohnbezirke für die Renovierung bestimmt, darunter die Kinkerstraat und Umgebung, die ›Pijp‹ (hinter der Ceintuurbaan), der Jordaan und der Nieuwmarkt. Außerhalb dieser Bezirke beschränkt man sich auf die Verbesserung oder den Wiederaufbau einzelner Häuser. Bei der Verbesserung und dem Umbau ihrer Wohnungen ist den Bewohnern dieser elf Bezirke das Mitspracherecht zuerkannt: Ein zeitraubender und kostspieliger Prozeß. Wenn Sie Amsterdam durchqueren, werden Sie daher sehr oft schön

›Kraker‹

renovierte und baufällige Häuser nebeneinander sehen. Die Bewohner dieser baufälligen Häuser stehen oft schon jahrelang auf der Liste der Anwärter für eine bessere Wohnung. Es gibt insgesamt etwa 53000 Wohnungssuchende. Ein Teil dieser Wohnungssuchenden, anfangs eher eine gutmeinende Protestgruppe, die von Zeit zu Zeit eine Wohnung besetzte, hat sich in einer Besetzerbewegung organisiert, die man nicht mehr unberücksichtigt lassen kann. So waren die berüchtigten Nieuwmarkt-Krawalle eigentlich nichts anderes als ein erstes größeres Treffen zwischen Polizei und Besetzern. Viele der oft stark verwohnten Häuser im Nieuwmarkt-Bezirk sollten abgerissen werden, um der U-Bahn und einer damals geplanten Ringstraße Platz zu machen. Von dem Augenblick an hat sich die Besetzerbewegung verhärtet. Manchmal hatte man Erfolg und konnte ein Gebäude als Wohnraum erhalten. Oft erzielten die Besetzer gute Ergebnisse bei der Wiederherstellung verlassener Wohnungen. Was bei der Arbeit so passiert, geht aus einer Liste der Verletzungen bei Bauunfällen hervor, die im ›Krakkant‹ (der regelmäßig erscheinenden Besetzerzeitung) abgedruckt wird.

Trotz Betriebsunfälle haben diese Besetzeraktivitäten dazu geführt, daß gewisse verlassene und verfallende Wohnbezirke neubelebt wurden. Aber so lustig ist es schon lange nicht mehr: 1980, nach den Vondelstraatkrawallen und späteren Konfrontationen um besetzte Häuser wie ›Grote Keyser‹ und ›Grote Wetering‹ hat sich der Kampf zwischen Besetzern und der mobilen Einheit der Polizei, weiter verhärtet. Ein heftiger Protest entstand anläßlich der Inthronisation von Königin Beatrix. »Keine Wohnung, keine Krönung« und »Kein Haus, kein Claus« hieß es an vielen Wänden in der Stadt. Die Amsterdamer zeigten sich als Meister im Erfinden unmißverständlicher Graffiti. Ein weiteres Beispiel davon findet man auf dem Fußboden der Metrostation Nieuwmarkt: »Wohnen ist keine Gunst: Wohnen ist ein Recht.«

Der Kampf zwischen Besetzern und Obrigkeit ist noch lange nicht zu Ende. Einmal wird die Aktion von seiten der Besetzer durch Ideenreichtum gekennzeichnet. So sendet während größerer Aktionen der eigene Sender der Besetzer, ›De Grote Keyser‹; es werden Feste veranstaltet und Besetzungssprechstunden abgehalten. In diesen Sprechstunden kann man sich beraten lassen über das ›kraken‹, das ›Besetzen-an-sich‹, das Wie und Was; und man wird informiert über noch zu besetzende Häuser. Zum andern gibt es die Straßenkämpfe und die damit verbundenen, immer heftiger werdenden Zerstörungen von Autos, Banken und Reisebüros. Amsterdam kämpft, und manchmal fragt man sich: Herrscht hier Krieg?

Graffiti zur Hochzeit von Prinzessin Beatrix und Prinz Claus

Radfahren in und um Amsterdam

Die Amsterdamer Innenstadt mit den vielen schmalen Gäßchen ist keineswegs für den Autoverkehr geeignet. Trotzdem hat es die Gemeindeverwaltung unter dem Druck der Ladenbesitzer nie gewagt, das Zentrum autofrei zu machen. Wer je versucht hat, sich die Grachten per Auto anzusehen, kennt die frustrierende Erfahrung, links und rechts von Radfahrern und Fußgängern überholt zu werden. Weil man die Grachten auch mit öffentlichen Verkehrsmitteln manchmal nicht so leicht erreichen kann, ist es empfehlenswert, die Altstadt zu Fuß oder auf dem Fahrrad zu durchqueren. An verschiedenen Stellen in der Stadt sind Fahrräder zu vermieten. Im gelben Informationsteil finden sich die Adressen. Sind Sie einmal auf den Geschmack gekommen, dann werden Sie entdecken, daß es sich lohnt, auch die Umgebung der Stadt mit dem Fahrrad zu erkunden. Detaillierte Karten mit Radwegen der Umgebung sind im Verkehrsbüro ANWB (Museumplein 5) erhältlich. Darauf werden verschiedene Möglichkeiten für Ausflüge gezeigt. Die Routen über Strecken von 22 bis 37 km sind beschildert: ein Sechseck mit Fahrrad. Für Ungeübte ist es ratsam, sich regelmäßig auszuruhen und sich für so eine Radtour Zeit zu nehmen.

Spaziergang 1

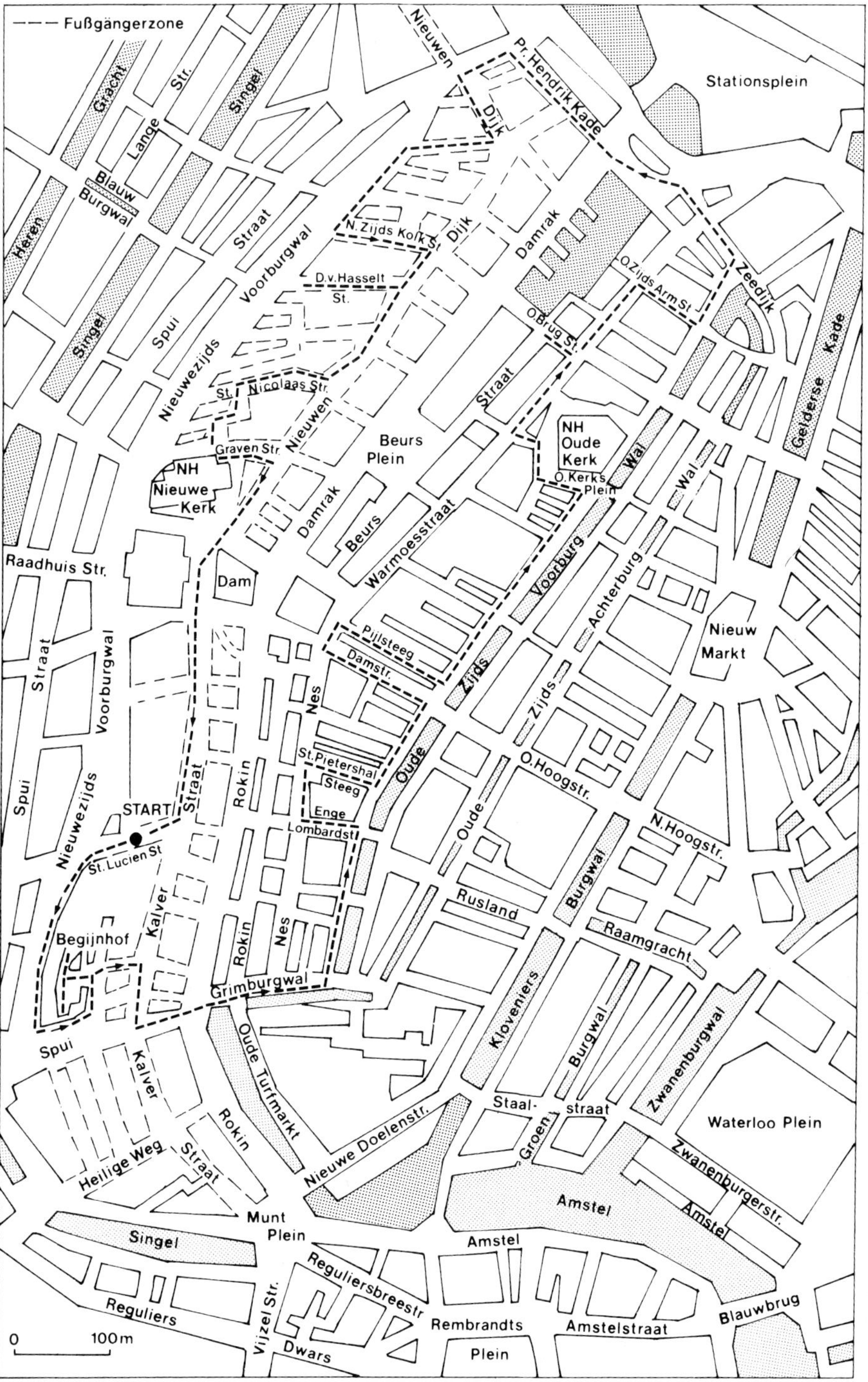

Spaziergang durch das Amsterdam von 1342

Den ältesten Kern der Stadt bildet der Bezirk rechts und links der Amstelmündung (heute Rokin und Damrak) zwischen Spui und den 1342 angelegten Verteidigungsgräben Oude- und Nieuwezijds Voorburgwal. Ziel unseres Spaziergangs ist es, das alte Amsterdam kennenzulernen. Der Straßenplan ist noch mittelalterlich, die Gebäude in diesem Stadtviertel stammen aber zum größten Teil aus dem 17. und 18. Jahrhundert, die übrigen aus noch späterer Zeit. Aus dem Mittelalter ist sehr wenig übriggeblieben, aus der Zeit vor 1342 fast nichts. Sie müssen auf diesem Spaziergang also Ihre Phantasie walten lassen.

Wenn Sie tüchtig ausschreiten, brauchen Sie drei bis vier Stunden. Sie können natürlich auch hin und wieder pausieren und sich einen ganzen Tag Zeit nehmen für den schönsten Teil Amsterdams.

1 *Begijneneiland und Spui*

Unser Ausgangspunkt ist das ›Poortje‹ (Tor) des Amsterdamer Historischen Museums bei der Kalverstraat. Vom Museum aus biegen wir links in die Kalverstraat und passieren die erste Gasse links, den *St. Luciënsteeg.* Der Name erinnert an das 1414 gegründete St. Lucien-Kloster, das hier früher zu unserer Linken beherbergt war und zusammen mit dem Begijnhof (Beginenhof) auf einer Art Insel lag. Das Kloster besaß außer einer Kapelle und einer Bierbrauerei auch einen Bauernhof an der Stelle, wo sich jetzt das Museums-Restaurant befindet. Im St. Luciënsteeg 21 finden wir das ›Borstel-

huis‹, eine bekannte Adresse für Bürsten aller Art. Am Ende der Gasse schlagen wir links in den *Nieuwezijds Voorburgwal* ein. Hier war im Jahre 1342 die Westgrenze der Stadt. Zur Linken sehen wir die Gebäude des ›Burgerweeshuis‹, des Waisenhauses, jetzt Historisches Museum. Hinter den darauffolgenden Häusern liegt der Beginenhof. Auf der gegenüberliegenden Seite Nr. 342 befindet sich das bekannte Restaurant Dorrius, wo man holländische Hausmannskost essen kann. Am Ende des Nieuwezijds Voorburgwal gelangen wir auf die Straße, die *Spui* heißt. An der Ecke sehen wir die immer volle Buchhandlung Athenaeum (siehe Informationsteil) und in der Mitte das ›Lieverdje‹, jene in der Provo-Zeit so heiß umstrittene Figur.

Das Spui bildete 1342 die Südgrenze der Stadt. Wir müssen uns vorstellen, daß auf der gegenüberliegenden Seite Moraste und Wiesen lagen, worauf hier und da ein Bauernhof oder ein Schafstall stand.

Wir biegen nun links ein und finden in der Spui-Straße zu unserer Linken den Eingang zum *Begijnhof*. Es läßt sich nicht mit Genauigkeit sagen, wann dieser Beginenhof entstanden ist, aber schon 1307 trägt dieses Grundstück den Namen ›Begijnenland‹.

Beginen waren Frauen, die in einer religiösen Gemeinschaft, aber nicht in einem Kloster leben wollten. Sie brauchten ihre Freiheit nicht völlig aufzugeben, sie konnten z. B. jederzeit den Hof wieder verlassen, sie besaßen hier ihre eigene Wohnung oder ihr Zimmer, wo sie für sich selber sorgten, und mußten auch nicht auf ihr Eigentum verzichten.

Mitten auf dem Hof steht die mittelalterliche Kapelle, jetzt Englische Kirche. Ihr gegenüber die katholische Kapelle, ursprünglich eine geheime

Kirche, auch Schlupfkirche genannt, in zwei angrenzenden Wohnhäusern untergebracht. Sie gilt als Mirakel-Kapelle, von der aus jährlich der Stille Umgang zur Erinnerung an das Hostien-Wunder (siehe Geschichte von Amsterdam) stattfindet.

Das Holzhaus am Eingang ist eines der ältesten der Stadt und datiert aus der Zeit um 1475. Wir verlassen den Beginenhof an der Seite der Kalverstraat und stehen dann in dem *Gedempte Begijnensloot,* dem jetzt zugeschütteten Graben, früher einem der drei Wasserarme, die die Begineninsel umschlossen. Links sehen wir die überdachte Straße, in der die Schützenstücke des Amsterdamer Historischen Museums hängen. Wir gehen nun durch den vor uns liegenden *Begijnensteeg* (Nr. 6 das Restaurant ›'t Begijntje‹, siehe Informationsteil) und gelangen so in die Kalverstraat. Wir biegen rechts ab und bleiben vor der Ecke des Spui stehen.

Die Kalverstraat ist die alte Amstelkade oder Amsteldijk, wahrscheinlich schon im 12. Jahrhundert als Deich angelegt. Links kommen wir zum *Rokin.* Überqueren den Dam beim Zebrastreifen. Wir befinden uns dann auf dem mittleren Teil, wo sich das eigentliche Rokin von dem zugeschütteten trennt. (Rokin oder Rak-in bedeutet Binnenrack oder Binnenwasser und bezeichnet den Teil der Amstel, der im Mittelalter durch die Stadt floß.)

2 *De Nes*

Wir gehen nun geradeaus in den *Langebrugsteeg.* Bald stoßen wir rechts auf eine Gasse, die in eine Treppe einmündet. Wir steigen sie hoch und erreichen eine besonders hübsche Stelle der Stadt. Unter uns liegt der *Grimburg-*

wal, wo die Rundfahrtboote vorsichtig hindurchfahren müssen. Dieses Gewässer, die Grim, war im Jahre 1342 gegraben worden, um der Stadt zwischen der Amstel und dem Oudezijds Voorburgwal eine neue Südgrenze zu geben.

Wir schauen zum Binnengasthuis hinüber. Dieses Krankenhaus entstand 1870. Im Jahre 1342 lag südlich von der Grim nichts als Wasser und Wiese.

Zurück zum Langebrugsteeg. Wir sehen vor uns eine lange schmale Straße, die *Nes.* Dieser ganze Teil zwischen Amstel und Oudezijds Voorburgwal war 1342 ein Morast, den man ›Gansoirde‹ (den Gänseort) nannte. Wir passieren den Langebrugsteeg und achten auf die beiden Juwelier- und Silbergeschäfte mit üppigem Angebot: Nr. 8 das von Lyppens und ihm gegenüber (Nes 89) das von Bettina und Carole Wolf. Ein Stück weiter Grimburgwal 2, das ›Old Dutch Pancakehouse‹, anno 1536. Weiter durch den Langebrugsteeg und dann links zum *Oudezijds Voorburgwal* auf der Seite mit den graden Zahlen. Hier war früher die Ostgrenze der Stadt, der Festungskanal. An der inneren Seite, wo wir uns jetzt befinden, lag ein Wall aus Erde. Und dahinter wohl ein Pfad. Hier und da stand auf dem Wall eine Bastion aus Holz und Erde.

3 De Oude Zijde südlich vom Dam

Wir gehen bis zum *Enge Lombardsteeg.* Über die Gracht führt eine nette kleine Brücke, die nicht genau zu einer Straße führt. Bauern haben sie seinerzeit als Fußsteg angelegt, um zu ihrem Land vor dem Wall zu kommen. Es ist noch immer ein Fußsteg. Wir biegen links ab in den Enge Lombardsteeg.

vielen Gemüsegärten, die später an diese Straßen grenzten (Warmoes = Gemüse). Wir spazieren durch die Warmoesstraat. Rechts durch den Enge Kerksteeg hat man noch eine schöne Aussicht auf die Oude Kerk, wir können schnell einmal die Speisezettel der internationalen Eßlokale studieren und biegen dann links in den *Oudebrugsteeg* ein, bis wir zur Linken die Börse sehen. Im Jahre 1342 hätten wir hier vor der Amstel gestanden und vor uns die älteste Brücke der Stadt gesehen, eben die ›Alte Brücke‹, die schon 1265 gebaut worden sein soll. Als der Südteil des Damrak zugeschüttet wurde, mußte leider auch diese Brücke verschwinden.

Auf dem Rückweg durch diese Gasse, die zu den ältesten Straßen der Stadt gehört, biegen wir wieder links in die Warmoesstraat, bis wir links den *Guldehandsteeg* und rechts den *Oudezijds Armsteeg* sehen. Wir sehen zunächst einmal in den Guldehandsteeg hinein.

Das ist ein ›waaigat‹ (Windloch), ein Gang, der zwischen den Häusern des Deiches zum Wasser führte. Hier zog es manchmal tüchtig. Die Gasse geht auf das Wasser des Damrak hinaus, des mittelalterlichen Hafens, der damals auch ›Das Wasser‹ genannt wurde. An dieser Seite gab es nie einen Quai, auch jetzt noch nicht. Die Boote konnten hier an einer sogenannten ›Wassertreppe‹ anlegen, der einzigen, die erhalten ist.

Wenn wir in die Warmoesstraat zurückkehren, stehen wir dem *Oudezijds Armsteeg* gegenüber und passieren ihn bis zum Oudezijds Voorburgwal. Wir gehen noch ein Stück geradeaus bis zu einer Brücke. Es ist die Armbrug. Bei dem Schild auf dem Brückengeländer bleiben wir einen Augenblick stehen.

Im Norden sehen wir den malerischen *Oudezijds Kolk*. Zwischen den Häusern erblicken wir zunächst die Brücke, die eigentlich eine Schleuse ist,

auch heute noch im Zeedijk. Die Brücke ist hoch gelegen, da der Zeedijk dies erforderlich macht. Hinter der Brücke liegt der Oudezijds Kolk, recht besehen ein Wassergraben, der das Wasser des IJ mit der Stadtgracht verbindet. Wir machen wieder kehrt und biegen rechts ab zum Oudezijds Voorburgwal, spazieren über den Sint-Olofssteeg geradeaus zum *Zeedijk* mit seinen unzähligen Seemannskneipen. Dort biegen wir links ab. Zu unserer Rechten, nördlich vom Deich, liegt das IJ. Im Jahre 1342 muß zwischen dem Deich und dem Tief des IJ ein wattartiges Gebiet gelegen haben. Es lag meistens über dem Wasser und wurde wahrscheinlich schon früh von Fischern und Gemüsegärtnern besiedelt.

Nach einem Blick auf Zeedijk 1, das älteste Wohnhaus der Stadt, wechseln wir von der Oude Zijde zur Nieuwe Zijde über. Von Alter und Neuer Seite sprach man erst im 15. Jahrhundert, als damals nach der Alten Kirche (Oude Kerk) eine zweite Parochialkirche, die Nieuwe Kerk, eingeweiht wurde. Die beiden Seiten sind aber gleich alt.

5 De Nieuwe Zijde nördlich vom Dam

Vom *Zeedijk* aus gehen wir geradeaus die *Prins Hendrikkade* entlang und folgen ihrer Krümmung nach links bis zur (linken) Brücke über das Damrak. Da liegt links von uns das *Damrak*, das 1342 noch weiterging bis zum Dam; der alte Binnenhafen der Stadt. Hier befand sich 1342 schon ein Quai, an dem Schiffe laden und löschen konnten. Jetzt ist es eine belebte Gegend, wo viele Straßenbahnen fahren und durch die Verschiedenheit von Geschäften der rege Betrieb eines internationalen Publikums herrscht.

lievevrouwensteeg. Hier stand da, wo sich jetzt die Hausnummern 169 und 171 befinden, im Jahre 1342 eine Marien-Kapelle, die um 1578 abgerissen wurde.

Ein Stück weiter kommen wir rechts in die abschüssige *Sint-Nicolaasstraat.* Unser Weg führt weiter durch eine Gasse mit dem Namen *'t Hol* (Höhle) bis zum *Blauen Erf,* wo wir rechts abbiegen. Links gehen wir durch die *Blaeustraat* bis zur *Gravenstraat.* Auch dieser Wirrwarr von Gassen erinnert an die mittelalterlichen Bauernhöfe und Feldwege. Die Gravenstraat stammt erst aus dem 15. Jahrhundert. Wir halten uns links und erreichen wieder den *Nieuwendijk.* Hier biegen wir rechts ab. Das jetzt so dicht bebaute Gebiet zu unserer Rechten war im Jahre 1342 noch ein ziemlich ödes und morastiges Grasland.

Und so erreichen wir dann wieder den Dam, wo 1342 bestimmt noch kein Rathaus stand. Der Gemeinderat wird damals wohl in einer Herberge zusammengekommen sein. Der Dam war noch ein tiefliegendes, feuchtes Gelände.

Jetzt aber ist es anständig gepflastert, so daß wir den Platz geradeaus überqueren können, um wieder in die Kalverstraat zu kommen. Kälberstraße – ein merkwürdiger Name, da es nämlich keinen Beweis gibt, daß hier jemals ein Viehmarkt abgehalten wurde. Wir spazieren weiter bis zum Historischen Museum und sehen uns schließlich noch einmal das Tor an. Es stammt aus dem Jahr 1581. Das ehemalige Kloster war damals gerade Waisenhaus geworden. Über dem Tor sehen wir die Abbildung von Waisenkindern in der für Waisen typischen Kleidung mit einem roten und einem schwarzen Ärmel. Sie umringen eine Taube, das Symbol für den Heiligen Geist. Vondel dichtete später die darunterstehenden Zeilen:
»Wir wachsen schnell an Zahl und Bürde, unsere zweiten Väter klagen: Ach, die ihr das Tor durchschreitet, helft die Last uns tragen.« Der Kasten, in den man seine Gabe werfen konnte, steht noch da.

(Dieser Spaziergang ist größtenteils übernommen aus dem Geschichtsprojekt Amsterdam, zusammengestellt von Dr. P. Fontaine.)

Ronde Lutherse Kerk, auch Kuppelkirche genannt, heute als Konzertsaal in Gebrauch ▷

wijn 1.50
rood
rose wit per glas

LEIDSEPLEIN THEATER
RESTAURANT
LA BELLE EPOQUE
SERPICO
club PRIVE

Spaziergang 2

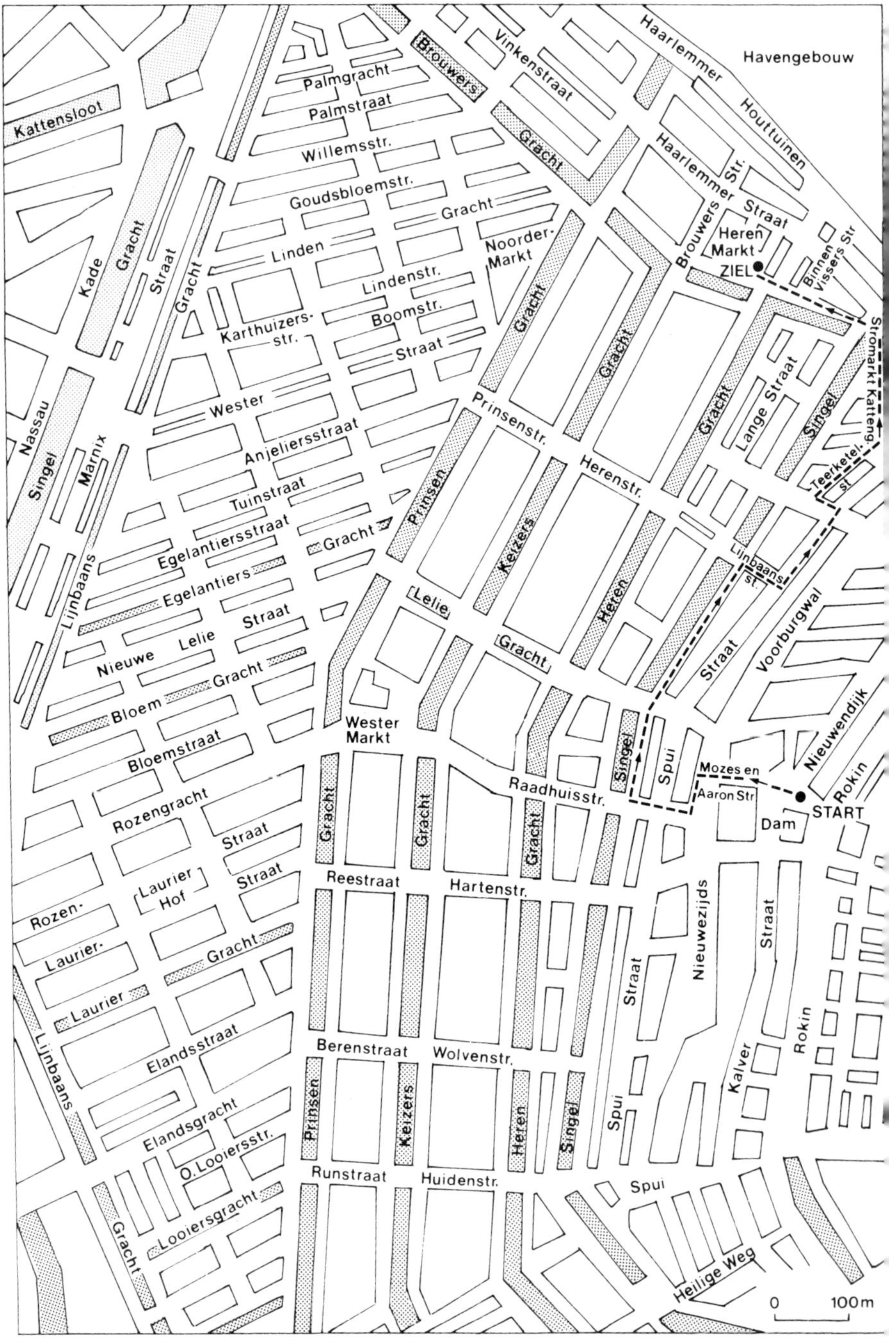

›Torensluis‹

Restaurant ›De Gouden en Zilveren Spiegel‹

Heringsverkäufer am Singel

Ein kurzer Spaziergang, der uns durch Alt-Amsterdam zur Zeit der ersten Hälfte des 17. Jahrhunderts führt.

Wir beginnen auf dem *Dam*, der zu Beginn des 'goldenen' Zeitalters wesentlich kleiner war als heute. Dort, wo jetzt das Denkmal steht, standen Häuser und die Halle des Fischmarktes. Vor diesem Teil der Stadt, wo jetzt der Verkehr vom Damrak zum Rokin verläuft, lagen die Handelsschiffe. Der Zugang zum Rokin war mit Häusern verstellt; der Weg vom Dam zum Rokin führte nur über einen schmalen Steg. Die von Hendrick de Keyser 1611 gebaute Renaissance-Börse hatte ihren Sitz am Rokin, nahe dem Dam. Sie wurde in den dreißiger Jahren des 19. Jahrhunderts abgerissen und durch einen neuen Bau von Berlage am Damrak ersetzt.

Die Nieuwe Kerk (1408) war von Häusern umringt und lag auch nicht am Dam. Rechts vor uns befand sich die Waag (die Waage) nahe beim Anlegeplatz für Schiffe. Das alte Rathaus, das gegen Ende des 14. Jahrhunderts entstand, lag links von uns, ein Stück weiter vorne als das heutige Rathaus. Man begann 1639, Pläne für ein neues Gebäude zu machen, weil das alte zu klein wurde. Der Grundstein dazu wurde 1648 gelegt, Jacob van Campen war der Architekt, doch wurde der Bau ab 1654 unter Daniel Stalpaert weitergeführt und vollendet.

Wir überqueren nun den Platz auf das Rathaus zu, gehen rechts an dem Gebäude entlang und schlagen dann links ab in die *Moses en Aaronstraat*. Vor uns liegt das Postamt (1899). Bei dem Zebrastreifen überqueren wir die Straße in Richtung auf das Postamt, biegen dann links und gleich darauf rechts ab in die *Raadhuisstraat*. Wir kreuzen die *Spuistraat* und gehen bis zum *Singel*. Hier biegen wir rechts ab und folgen dem Singel auf der Seite mit den ungeraden Hausnummern.

Der Singel

Der Singel war ursprünglich der Festungskanal der Stadt. An der Innenseite, also der Stadtseite, baute man (seit 1481) eine steinerne Stadtmauer. Wir betreten hier also den Rand der alten Stadt, gehen gewissermaßen auf dieser Mauer, rechts von uns die Stadt, links der Festungsgraben. Jenseits lagen damals Gemüsegärten, Seilerbahnen und Wiesen. Doch im Jahre 1585 befürchtete man, daß die Stadtmauer (damals also über hundert Jahre alt) einem Angriff der Spanier nicht mehr standhalten würde. Deshalb baute man eine neue, modernere an der Außenseite (also links von uns).

Diese Mauer verlief parallel zum Singel, ungefähr da, wo jetzt die Herengracht ist. Sie bestand aus einem Erdwall, der den Geschützen dieser Zeit besser standhalten konnte als eine Steinmauer. Da die Kanonenkugeln sich in die Erde bohrten, war die Einsturzgefahr geringer.

Seit 1585 war die Steinmauer am Singel also keine Außenmauer mehr und hatte ihre militärische Funktion verloren. Eine ganz andere Funktion behielt sie aber: Unter den Bögen wohnten zahllose arme Leute. Kurz nach 1600 wurde diese Mauer abgerissen. Die armen Leute verloren dadurch ihre Unterkünfte und fanden neue in den Hauskellern, in Kellervorsprüngen, Heukästen der Pferde oder einfach im Freien.

Nach einer Weile gelangen wir zu einer sehr breiten Brücke, der *Torensluis* (Turmschleuse). Hier war früher in der Stadtmauer ein kleines Tor mit Turm, dem Jan Roodenpoortstoren. Eine schmale Holzbrücke führte zu den Gemüsegärten und Seilerbahnen außerhalb der Stadt. Beim Niederreißen der Stadtmauer blieb der Turm stehen. Hendrick de Keyser, bekannter Amsterdamer Baumeister, fügte eine Turmspitze hinzu, so daß der Turm als Glockenturm benutzt werden konnte. Im Jahre 1648 baute man eine Steinbrücke über das Wasser mit Zufahrtsstraßen zu beiden Seiten des Turms. Daher fiel sie so breit aus. Der schon baufällige Turm mußte 1829 abgerissen werden. Wir genießen von der Brücke aus eine wundervolle Aussicht.

Dann gehen wir den Singel weiter, bis wir rechts den *Lijnbaansteeg* sehen. (Lijnbaan bedeutet Seilerbahn. Dort wurden die Seile hergestellt.) Wir biegen rechts in diese Gasse, dann links in die Spuistraat, bis wir wiederum links in den *Korte Korsjespoortsteeg* hineingehen. Diese Gasse lief bis zu der *Korsjespoort,* einem Tor, vor dem auch eine Holzbrücke über den Singel führt. Wir kehren jetzt noch nicht zum Singel zurück, sondern biegen rechts in den *Teerketelsteeg* ab. Dieser Name bezieht sich wieder auf die Seilereien, die Teerbrennereien benötigten. Wir befinden uns jetzt in einer sehr alten Gegend, die es schon im 15. Jahrhundert gab.

Am Ende des Teerketelsteeg, der fast ausschließlich aus Lagerhäusern besteht, genauer: kurz vorher erblicken wir zur Linken eine Straße mit Lagerhausgiebeln, die *Koggestraat.* Im 17. Jahrhundert war es noch ein Wassergraben. Wenn wir uns etwas rechts halten, erreichen wir das *Kattegat,* ursprünglich ein schmaler Wasserlauf, der 1601 zugeschüttet wurde. Jetzt verläuft hier eine breite Verkehrsstraße, die das Spui mit der Haarlemmerstraat verbindet. Links sehen wir die pittoresken Häuschen ›De Gouden Spiegel en de Zilveren Spiegel‹ (Restaurant Gold- und Silberspiegel), mit Treppengiebeln aus dem Jahre 1614. Sie gehörten wahrscheinlich Laurens Jansz. Spieghel, einem sehr bekannten Seifensieder. Der große Kuppelbau dahinter ist die Lutherse Kerk (Lutherische Kirche, 1668–71). Wir gehen nun weiter links in Richtung Singel und erreichen den *Stroomarkt,* den Ausläufer des Kattegats. Im Singel sehen wir jetzt ein Schleusensystem. Hier stand früher, vor 1600, in der Gracht die wichtige Haarlemmer Poort. Zugleich mit der Stadtmauer wurde auch dieses Tor abgerissen. Ein paar Schritte weiter rechts gehen wir über die Brücke des Singels, biegen dann links ab bis zur Ecke der *Brouwersgracht,* um die Kuppel der Lutherse Kerk zu betrachten; ein Anblick, um dessentwillen auch schon im 17. Jahrhundert viele ausländische Besucher kamen, denn zu ihrer Entstehungszeit muß die Kirche einen hochmodernen Eindruck gemacht haben. Weiter gehts in die Brouwersgracht auf der Seite der geraden Hausnummern. Rechts finden wir bald die *Binnen Visserstraat*, in die wir einbiegen. Zwischen den Hausnummern 9 und 15 befindet sich ein schmaler Gang, in dem wir die Hausnummern 11 und 13 erblicken. Man kann sich hier vorstellen, wie beengt die Menschen im ›Goldenen Zeitalter‹ manchmal lebten, und dabei heißt dieser Gang auch noch der *Wijdegang* (der weite Gang)! Zwischen den Nummern 19 und 25 befindet sich der *Gruttersgang*, zwischen 14 und 20 der *Kuipergang*. Diese Namen, Grützhändler und Küfer, erinnern an Berufe, die damals ausgeübt wurden. Wir kehren zur Brouwersgracht zurück, achten auf die Giebel 48, 50 und 52 und verfolgen unseren Weg bis zum hübschen *Herenmarkt*. Von diesem Punkt aus können Sie Ihren Einkaufsspaziergang machen. Sie können sich aber auch in einer der vielen Kneipen ausruhen, um die Eindrücke noch einmal auf sich nachwirken zu lassen. Viel Vergnügen!

Der Jordaan

Westlich der Stadtmitte, zwischen Prinsengracht und Buitensingel, befindet sich das alte Volksviertel ›De Jordaan‹, das Quartier des 'kleinen Mannes', der Krämer, Arbeiter und Handwerker. Während des 17. und 18. Jahrhunderts bauten die herrschenden Familien hier kleine Häuser für ihr Dienstpersonal; zahlreiche jüdische Familien fanden hier ein Zuhause. Die romantische Vergangenheit des Jordaan ist noch nicht vergessen, obwohl die großen sozialen Veränderungen der Gegend einen ganz anderen Charakter gegeben haben.

Vom Turm der Westerkerk läßt sich die architektonische Struktur dieses Viertels wohl am besten erkennen: lange Wohnstraßen und Grachten, die durch zahllose Querstraßen, Gassen und Plätzchen miteinander verbunden sind. Hier ist das Reich der Kramläden, der kleinen Handwerksbetriebe, der Schnick-Schnack-Geschäfte und der individuellen Mode-Boutiquen. Hier wird von den jungen Boutique-Besitzern die allerneuste Mode oft selbst geschneidert.

Es gehört zu den charakteristischen Eigenschaften des Amsterdamers, daß er gerne selbständig ist. Unabhängig sein, ein eigenes Geschäft haben – und sei es noch so klein –, das ist das Ideal. Und dann träumt man von den vielen Möglichkeiten einer großen Karriere.

Von den typischen Jordaan-Bewohnern sind nicht viele übrig geblieben, die meisten sind in neue Wohnviertel gezogen. Die alten, verfallenen Häuser werden jedoch repariert und renoviert, und allmählich ist bei Studenten und anderen jungen Leuten ein Interesse erwacht, solch ein echtes Jordaan-Häuschen zu bewohnen.

Inmitten der emsigen Geschäftigkeit finden wir hier und da die verträumten ›Hofjes‹, die heute wie früher vornehmlich als Altersheim dienen.

Es besteht ein noch immer nicht abgeschlossener Plan, das ganze Viertel zu restaurieren. Aber das kann nicht im Handumdrehen geschehen, da der astronomische Betrag von 500 Millionen Gulden dazu nötig wäre und die unternehmungslustige Stadt sich bereits seit Jahren in einer schwierigen finanziellen Situation befindet. Viele Studenten und junge Leute mit sehr bewußter Lebensführung haben auch hier zahlreiche Aktionsgruppen gegründet mit dem Ziel, den Jordaan, dessen Name vom französischen ›jardin‹ abstammt, wieder in einen gartenähnlichen Wohnbezirk zu verwandeln. Zurück zur Natur, vom Wiesenkerbel bis zum Salatkopf! »Wir dürfen keinen Quadratmeter fruchtbaren Jordaanboden brachliegen lassen«, erklärt eine Aktionsgruppe unter der Führung des im Jordaan lebenden Roel van Duyn, früher Provo-Aktivist und Kabouter-Gemeinderatsmitglied. So entstand der Palmpark, eine Grünanlage Ecke Palmgracht und Lijnbaansgracht, wie auch der ›Boom-gaard‹, ein Garten, der auf einem 'geknackten' Gelände an der Boomstraat angelegt wurde.

Noch bunter wird das Viertel aber durch die an den Straßenrändern stehenden alten Ölfässer, in denen Bäume und Blumen wachsen. Diese Fässer bewirken zweierlei: die Straßen bekommen ein fröhliches Aussehen und werden von parkenden Autos freigehalten.

Wenn Sie den Jordaan besuchen wollen, beginnen Sie am besten bei der Westerkerk, deren Turm der schönste der Stadt ist und als Wahrzeichen Amsterdams gilt. Eines der vielen Volkslieder, die den Jordaan besingen, beginnt so:

»Am Fuß des schönen Westers
blieb ich oftmals stahn
und mußte von ihm träumen
von dem schönen, dem feinen Jordaan.«

Sie verfolgen die Rosengracht und nehmen die erste Querstraße rechts. Dann können Sie durch dieses phantastische, labyrinthartige Stadtviertel schlendern.

Spaziergang 3

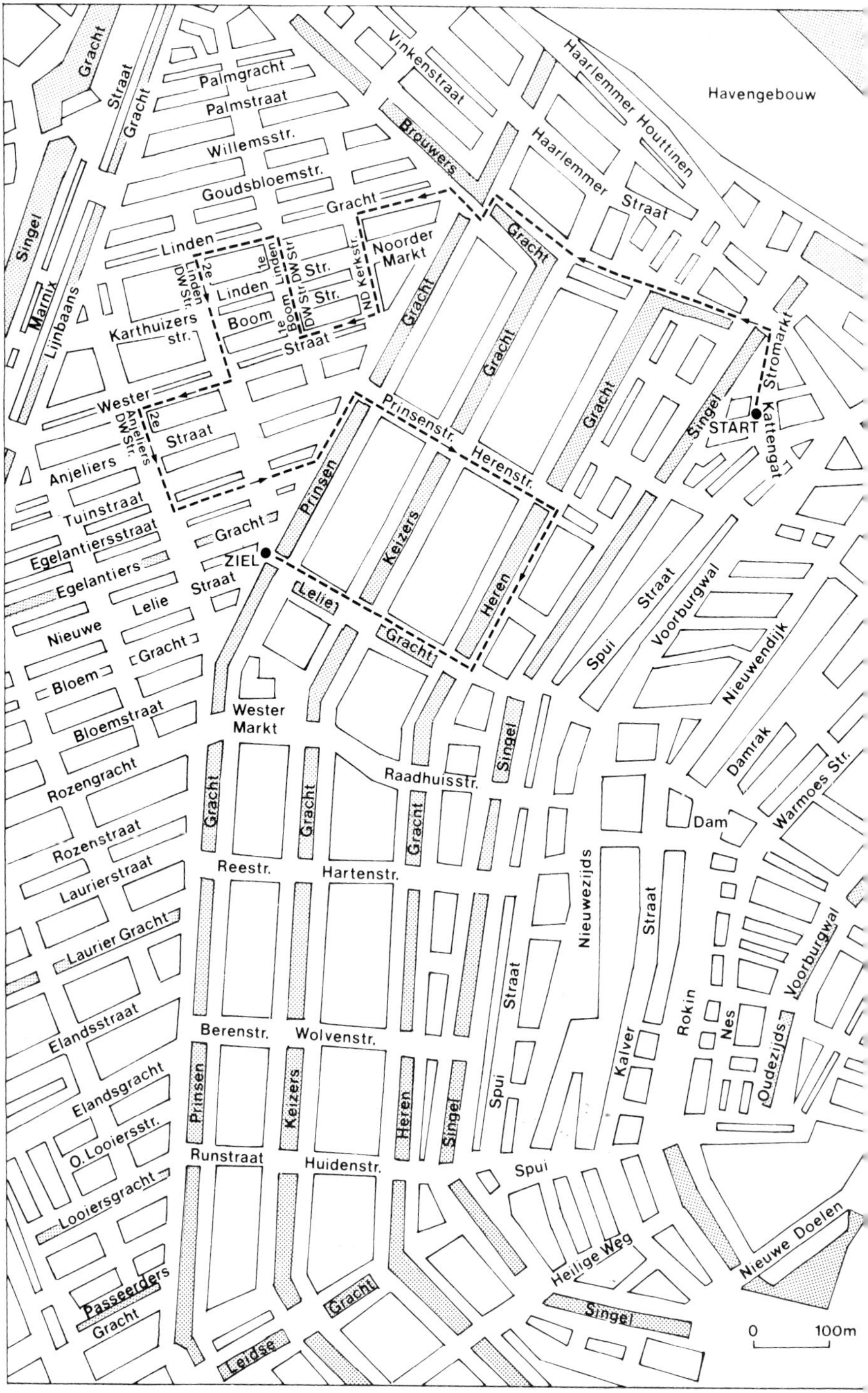

Ausgangspunkt: *Sonestahotel, der Ronde Lutherse Kerk gegenüber.* In dieser ehemaligen Kirche mit dem prächtigen kupfernen Kuppeldach werden jeden Sonntag um 11 Uhr Konzerte gegeben. Sie finden auf diesem Platz, Stromarkt genannt, einige hübsche kleine Geschäfte, die Teil des Nederlands Centrum voor Ambachten (Eingang Nieuwendijk 16) sind. (Siehe auch Informationsteil.)

Wir lassen die Kuppelkirche links liegen und gehen durch die alte *Haarlemmersluis* auf die *Brouwersgracht* zu. Unterwegs werfen wir einen Blick auf das prächtige Eckhaus *(Singel Nr. 2)* »De Spaanse Gevel«, in dem sich ein typisches Amsterdamer Café befindet. Das Haus Brouwersgracht *Nr. 52* besitzt einen Glockengiebel aus dem Jahre 1759. In der gemauerten Fassade sehen wir einen Giebelstein im Rokoko-Stil mit der Nachbildung zweier Stühle, einem holländischen und einem im Louis-XIV-Stil, und darunter die Inschrift »Nooyt Volmaakt« (Nie vollkommen, in dem Sinne, daß nichts in der Welt vollkommen ist). Das Haus *Nr. 56* hat einen Glockengiebel aus dem Jahre 1744. Rechts von uns liegt die *Binnenwieringerstraat.* In dem Häuschen *Nr. 28* mit den Fischern im Giebelstein finden wir das Restaurant l'Enfant terrible. (Siehe auch Informationsteil.)

Wir erreichen dann den *Herenmarkt,* mit schönen restaurierten Häusern. Dort befindet sich auch das »West Indisch Huis« (1642), eins der schönsten Lagerhäuser von Amsterdam, das gerade restauriert worden ist. Wir spazieren über die Brücke zur gegenüberliegenden Seite und finden dann in dem Haus *Nr. 51* das Amsterdamer Marionettentheater »Jeanette« (Ruf 26 49 38). Mittwoch, Samstag und Sonntag um 14 Uhr Kindervorstellungen. Ein bißchen weiter, an der Ecke Keizersgracht, ein Restaurierungs-Atelier, wo alte Wandbehänge und antike Kleidung wiederhergestellt werden. Und dann *Nr. 101* (Ecke *Prinsengracht*), ein nettes alternatives Café »'t Smackzeyl«, mit einer großen Auswahl an Leckerbissen.

Nun gehen wir zum Anfang der *Prinsengracht.*

Nr. 2, ein Haus aus dem Jahre 1641 mit Café »Het Papeneiland« (Ruf 24 19 89). Von 10 Uhr morgens bis nach Mitternacht geöffnet. Ein prächtiges Kaffeehaus mit einigen schönen Antiquitäten, darunter ein norwegischer Torfofen und eine französische Uhr. *Nr. 8* »Pompom«, Blumengestecke und Sträuße aus getrockneten Blumen.

Man sollte sich hier einmal umsehen und dabei die manchmal sonderbaren Wohnboote in der Gracht betrachten.

Nach dieser kleinen Unterbrechung gehen wir via Brouwersgracht weiter zur *Lindengracht.* Hier ist jeden Samstag Markt.

Nr. 1 Bente, altes Spielzeug. Nur geöffnet am Samstag von 10–16 Uhr. *Nr. 5* ein einladender Kuriositätenladen mit dem Namen »Baken van Koekshaven«. Bei »Casa Tobia«, *Nr. 31* (Ruf 248987), kann man, außer Mittwoch, echt spanisch essen, deshalb wird es oftmals das »Spanien im Jordaan« genannt. Drei Beispiele von erstklassiger Restauration sind die Häuser *Nr. 49, 51* und *53*. Das letzte datiert von 1687, heißt »War-gaarn« und hat eine besonders schöne Eingangstür und typische jordaanische Außentreppen.
Wir biegen links in die *Noorderkerkstraat*.
Auf der Ecke eine Pizzeria. Beachten Sie, während des Sommers, die vielen Pflanzen auf den Auftritten. *Nr. 18* »Bric-à-Brac« (Ruf 246888). Wir gehen weiter bis zum Noordermarkt. An jedem Montagmorgen verkauft man hier auf dem »Lapjes-Markt« Stoffkupons und am Samstagmorgen Vögel und Kleinvieh.
Die imposante Noorderkerk wurde von Hendrick Jacobsz, Staets und Hendrick de Keyser gebaut (der vor der Fertigstellung des Gebäudes starb) zwischen 1620 und 1623. Die kleine Figur, die auf dem Noordermarkt steht, ist Woutertje Pietersen, eine der Hauptpersonen in den Büchern von Multatuli (1820–1887). Zu den schönsten Kneipen im Jordaan gehört das Café Hegeraad (Ruf 245565). (Siehe auch Informationsteil.) *Nr. 37* »Neonshop«. Für Kunst, Kitsch oder Kommerz. Ihre eigenen Ideen ausgeführt in Neon. Geöffnet: täglich (manchmal auch Samstag) von 9 bis 17 Uhr. Preise ab hfl 450.–.
Wir lassen den Neonshop rechts liegen und verfolgen unseren Weg bis zur Westerstraat. Wir gehen rechts. Die erste Straße rechts (Eerste Boomdwarsstraat) führt uns in die *Eerste Lindendwarsstraat*. Hier finden wir eine Anzahl charakteristischer Jordaan-Läden. An der Ecke der Lindengracht ein typisches Jordaan Café »de Bel«.

Wir sind also wieder zurück auf der *Lindengracht* und gehen links, um uns ein altes »Hofje« anzuschauen, das »Suykerhofje«, Lindengracht *149–163*, 1670 von Pieter Jansz. Suyker erbaut. Man erreicht es durch einen kaum sichtbaren Eingang. Wie viele andere wartet auch dieses »Hofje« auf seine Restauration. Leider sind nur noch wenige Hofjes fürs Publikum zugänglich, weil sie nicht mehr von alten Leuten, sondern meistens von Studenten bewohnt werden, die Neugierige abwehren.
Durch die *Tweede Lindendwarsstraat* (links) gelangen wir wieder zur Westerstraat, passieren unterwegs, an der Ecke *Karthuizerstraat*, einen Töpfer. Machen Sie hier einen Moment halt, um im Café »De Zomertuin« einen Espresso zu trinken. Ein Café wie ein Wohnzimmer! Ecke Westerstraat entdecken wir ein neu-»altholländisches« Café »'t Monumentje«. Wir überqueren die Westerstraat, kommen am Café »Nol« vorbei (Nr. 109, geöffnet von 20 bis 2 Uhr), das hauptsächlich während des Wochenendes von vielen tanzenden und singenden Jordaanern besucht wird, und gelangen, wenn wir die Westerstraat nach rechts entlanggehen, ein Stück weiter in die *Tweede Anjeliersdwarsstraat. Nr. 5* Gold- und Silberschmied Ates, »Het Gouden stuivertje« (Ruf 22 74 65). Außer Sonntag von 13 bis 18 Uhr geöffnet. Große Auswahl reizvoller Schmucksachen (siehe Informationsteil). *Nr. 13* Boutique »Het dertiende Huis« (Das dreizehnte Haus) (Ruf 23 42 95). Spanische Artikel, Geschirr, Matten, Lebensmittel usw. Vom 1. Mai bis 15. September nur geöffnet samstags von 11 bis 17 Uhr.
Unser Spaziergang führt uns jetzt in die *Tweede Tuindwarsstraat. Nr. 2* »Haastje Repje«, modische Kleidung und Schmuck. In der Nähe, *Nr. 8* »Time Machine«, hübsche, modische Kleider, Hosen und vieles mehr. *Nr. 10* Brasserie »Le jardin des Gourmets« (Ruf 23 77 06). Auch Lunch um 12 Uhr. Es gibt in diesem Viertel viele Läden mit Kleidung aus zweiter Hand und Ku-

Jordaan-Festival: ›Trommeln op de Beurse‹, ein alter Brauch aus dem 80jährigen Kri
1568–1648

DE BOEIENDSTE KRANT
IN EN OM AMSTERDAM

arbeiten und Material zum Spinnen verkauft. Wenn wir geradeaus über die breite Brücke gehen, durch die Molsteeg, dann gelangen wir auf den DAM. Und was wäre ein schönerer Abschluß unseres Spaziergangs als ein Besuch der neulich restaurierten Neuen Kirche? Die Restauration dieser gotischen Kirche (in ihrer heutigen Form datiert sie aus der Zeit um 1490) hat mehr als 30 Jahre gedauert. Als Beatrix am 30. April 1980 in dieser Kirche zur Königin gekrönt wurde, war die Farbe noch naß! Öffnungszeiten der Kirche: täglich von 12 bis 16 Uhr, Sonntag von 13 bis 17 Uhr.

Für diesen Spaziergang mit allen Unterbrechungen sollte man sich fast einen ganzen Tag Zeit nehmen.

Machen Sie sich jedoch nicht allzu früh auf den Weg, die meisten Läden in diesem Viertel machen ziemlich spät auf. Noch ein letzter guter Rat: Montags ist fast alles geschlossen und donnerstags kommt die Müllabfuhr, dann ist es also recht unordentlich und rührig.

BONA SPES ZWOLLE

Festival of Fools, Ein-Mann-Orchester aus Holz

Legenden zu den Farbabbildungen 1–49

1 Blick aus der Reguliersbreestraat auf den Muntplein
2 Ein Fischreiher lauert auf Beute
3– 6 Auf dem Albert Cuyp-Markt
7–14 Zeichen und Bezeichnendes
15 Windmühle an der Amstel
16–18 Grachten und Grachtenhäuser
19a Typische Amsterdamer Kneipe
19b »Guten Appetit«, Hausbootgestaltung
20 Grachtenhaus mit Halsgiebel
21 ›Het-Knoopunt‹, Kees Hilkerts Hanfschiff, Wittenburgergracht
22 Hausboote an der Amstelkade
23–25 Hausboot, Kloveniers Burgwal
26–34 Festival of Fools 1978, Vondelpark, Dam, Amsterveld
35 ›Walenburg‹, das Orchester der Obdachlosen
36 Auf dem Dapper-Markt
37 Die Amstel
38 ›Die magere Brücke‹ über die Amstel
39 Wandbild an einem Spielplatz, Zeedijk
40–49 Cafés und Läden im Zentrum

Café „Castein" Vergunning

40

TAP VERGUNNING
157a
MARTINI
HEILIGE FAMILIE

41

VOLLEDIGE VERGUNNING
257

42

43

44

45

ART GALLERY
AMSTERDAM

6

47

SPUISTRAAT.
CENTRUM
Amstel Bieren
Amstel Bieren
PIZZA

Amsterdam - Informationen

Antiquitäten

Die Nieuwe Spiegelstraat zwischen Rijksmuseum und Herengracht war schon immer der Mittelpunkt des Antiquitätenhandels, aber auch in der Spiegelgracht und in der Weteringstraat finden Sie viele Antiquitätengeschäfte, die sich vor allem auf Möbel aus dem 17. Jahrhundert, Porzellan, Schmuck aus Gold und Silber, alte Kunst und Gemälde, auf Uhren und Delfter Keramik spezialisiert haben. Außerdem sind viele dieser Geschäfte in den kleinen Parallelstraßen zwischen Leidsestraat und Rozengracht zu finden.

Etnografica und Stiche

S. Emmering, N. Z. Voorburgwal 304 (Z), Ruf 23 14 76.
H. Marcus, Keizersgracht 574 (Z), Ruf 23 45 44.
A. van de Meer, P. C. Hooftstraat 112 (Z), Ruf 72 19 36.

Gold, Silber und Schmuck

Fa. D. Schweitzer, Damstraat 2 (Z), Ruf 24 15 72.
E. Wassenaar, Hobbemastraat 10 a (S), Ruf 79 51 38.
B. & K. Wolf, Nes 89 (Z), Ruf 24 83 39 (Samstag geschlossen, Sonntag von 10.00–14.00 geöffnet).
h.c.d. Lyppens, Langebrugsteeg 8 (Z), Ruf 22 37 43

Jugendstil und Art Deco

Ingrid Vos, Lijnbaansgracht 290 (Z), Ruf 24 59 18.
Nina Bobo, Molsteeg 5–7, Ruf 23 21 89.

Münzen

Jac. Schulman, Keizersgracht 448 (Z), Ruf 23 33 80

Antiquitäten-Boutiquen / Bric à Brac

Hier finden Sie nicht nur hochwertige Antiquitäten, sondern manchmal können Sie auch einen netten Kunstgegenstand zu mäßigen Preisen erstehen.
De Drie Kaarsjes, Gravenstraat 6, Ruf 24 03 27.
Kramer, Spuistraat 326, Ruf 23 86 22.
't Koetshuys, Kerkstraat 121–123 (Z), Ruf 23 98 63.
(Mittwoch–Samstag 11–18 geöffnet).

Apotheken

Apotheken sind montags bis freitags von 8.00–17.30 Uhr geöffnet. Ein besonderes Informationsblatt, das bei jeder Apotheke erhältlich ist, führt die Apotheken auf, die abends, nachts und am Wochenende geöffnet sind. Sollten Sie vor eine verschlossene Tür kommen, so finden Sie dort die Adresse und Telefonnummer der nächsten geöffneten Apotheke auf einem Schild vermerkt. Sie können diese Information aber auch telefonisch erhalten unter den Nummern 44 77 39 oder 94 87 09.

Einige Apotheken in der City:
Dam Apoteek, Damstraat 2, Ruf 24 43 31.
Van der Meulen, Geldersekade 84 a, Ruf 24 04 45.
Apoteek Fey, van Baerlestraat 101, Ruf 72 50 60.

Ärztliche Versorgung

Arztzentrale (auch Zahnarzt)

Tag und Nacht besetzt Ruf 64 21 11

> Da es sehr schwierig ist, in Amsterdam einen **Zahnarzt** zu finden, empfiehlt es sich, daß Sie vor Ihrer Reise Ihren Zahnarzt aufsuchen!

Das VVV, Ruf 26 64 44, besitzt eine Liste aller Ärzte, die Touristen helfen.

Haustiere

Kliniek v. Kleine Huisdieren
Plantage Middenlaan 76 (O)
Ruf 22 85 67

Unfallhilfe Ambulance G. G. D.

5 55 55 55

Erste Hilfe

Wilhelmina Gasthuis 5 78 33 33
1ste Helmersstraat 104
Academisch Ziekenhuis V.U. 5 48 91 11
Krankenhaus der Freien Universität
Buitenveldert, de Boelelaan 1117
Academisch Medisch Centrum,
Bullewijk, 5 66 91 11
Nieuwe Zijds Voorburgwal 225 26 10 47

Sprechstunden:
Mo.-Fr. 9.00-9.30 und 13.30-15.00
Mo. und Do. 19.00-20.00

Ausflüge

Rund um Amsterdam

Tagestouren mit dem Autobus oder der Eisenbahn
Weil das Auto in diesem überbevölkerten Land ein unentbehrliches, aber lästiges Übel ist und das Benzin allmählich unerschwinglich wird, raten wir Ihnen, solche Tagestouren mit Autobus oder Eisenbahn zu machen.

Der Verkehrsverein (VVV, Ruf 26 64 44, dem Hauptbahnhof gegenüber) kann Ihnen alle notwendigen Auskünfte erteilen. Wir machen Ihnen hier einige Vorschläge für Tagestouren innerhalb eines Radius' von etwa 50 km um Amsterdam. Die Preise können sich inzwischen geändert haben.

Organisierte Autobusfahrten

Folgende Reisebüros veranstalten Autobusfahrten zu den wichtigsten Orten in der Umgebung von Amsterdam:
Holland International Travel Service, Damrak 7
Key Tours, Dam 19
Lindbergh Travel Bureau, Damrak 26.
Buchen können Sie in einem Reisebüro oder beim VVV.

Es gibt Autobusfahrten nach:

Marken und Volendam
Vor- und nachmittags, Preis: 35 Gulden.
Marken, Monnikendam, Edam und Volendam sind malerische Städtchen, früher Fischerhäfen, deren große Zeit vorüber war, als die Zuiderzee durch den Afsluitdijk (Sperrdamm) zu einem Binnensee (Ijsselmeer) degradiert wurde. Aus der ruhmreichen Vergangenheit stammen die noch immer getragenen Kleidertrachten. Nur in Volendam fängt man noch Aal, der dort geräuchert und viel gegessen wird. (Fast jeder Besitzer eines Fischgeschäftes in Amsterdam stammt aus Volendam.) Jeder Ort hat seinen besonderen Charakter: So ist Volendam katholisch, Marken protestantisch (also nie am Sonntag!). Marken war früher eine Insel, die jetzt, durch einen Deich mit dem Festland verbunden, auch mit Auto oder Autobus erreichbar ist.

Grand Holland Tour
Tagestour. Dauer: 8 Stunden. Tägliche Abfahrt um etwa 10.00. Auskunft beim VVV. Preis: 50 Gulden.
Nach der Blumenversteigerung in **Aalsmeer** besucht man das historische Städtchen **Delft,** wo eine Fabrik besichtigt wird (Delfter-Blau!). Dann folgt **Rotterdam,** der größte Hafen der Welt, und hier wird geluncht. Weiter nach **Den Haag,** Regierungssitz. Man besucht das Mauritshuis, in der Saison auch die Miniaturstadt Madurodam. Über den Badeort Scheveningen, der auch Fischerhafen ist, zurück nach Amsterdam.

Keukenhof
Halbtägige Tour von 3½ Stunden. Nur im April und Mai.
Abfahrt etwa 10.00 und 14.30 täglich. Preis: 37.50 Gulden.
Eine abwechslungsreiche Fahrt durch die Küstengegend mit ausgedehnten Tulpenfeldern zum schön angelegten Blumenpark **Keukenhof,** wo zahllose Tulpen, Narzissen, Hyazinthen, Krokusse und andere Zwiebelgewächse blühen.

Alkmaar Käsemarkt
Halbtägige Tour von 4 Stunden. Nur in der Zeitspanne, in welcher der Käsemarkt abgehalten wird: von Anfang Mai bis September.
Nur am Freitag. Abfahrt etwa 9.00. Preis: 35 Gulden.

Einige Reisebüros veranstalten eine Tour, die über **Alkmaar** zu dem Städtchen **Hoorn** (17. Jahrhundert) geht.
Andere Reisebüros besuchen auch den 32 km langen **Abschlußdeich,** während noch andere außer dem Käsemarkt auch die **Zaanse Schans** mit ihren berühmten Windmühlen und für Holland typischen Häuschen miteinbeziehen.
VVV anrufen!

Mit öffentlichen Verkehrsmitteln (Viel billiger!)

Amsterdam über **Broek in Waterland** und **Volendam** nach **Edam:**
Jede halbe Stunde fährt ein Autobus von der Prins Hendrikkade bei der Sint Nicolaaskerk ab.
Informationen: Noord Zuid Hollandse Vervoer Mij. Ruf 24 53 37.
Amsterdam über **Monnikendam** nach **Marken:**
Abfahrt Autobus von der Prins Hendrikkade bei der Sint Nicolaaskerk jede Stunde. Am Sonntag nicht so häufig. Informationen: N.Z.H. Ruf 24 53 37.

Aalsmeer Blumenversteigerung
Die Versteigerung findet täglich (außer Samstag und Sonntag) von 7.00 morgens bis ungefähr 11.00 statt. Im Sommer wird es manchmal 12.00, aber nicht später.
Adresse für Schnittblumen: Legmeerdijk 313, an der Autostraße Utrecht/Haarlem.
Abfahrt Autobus vom Hauptbahnhof (beim Victoriahotel) jede halbe Stunde: Ein Viertel vor und ein Viertel nach der vollen Stunde.
In Aalsmeer umsteigen bei Haltestelle Hortensialaan. Dann noch eine Haltestelle weiter mit Autobus 40. Umständlich, aber auch schön, und Sie können diese Viertelstunde auch zu Fuß gehen. Der Chauffeur des Autobusses wird Ihnen den Weg zeigen.
Informationen: Centraal Nederland. Ruf 16 00 22/92 06 44.

Flevohof (und Lelystad)
Flevodienst. Jede Stunde Abfahrt des Autobusses von der Musschenbroekstraat (bei der Wibautstraat).
Auskunft: Ruf 92 06 44.

Keukenhof
Sie können u. a. vom Hauptbahnhof ab mit dem Zug nach Haarlem fahren und von dort aus mit dem Autobus nach Lisse.

Alkmaar
Viele Züge vom Hauptbahnhof ab.

Zaanse Schans:
Man nehme den Zug nach Koog/Zaandijk. Auskunft im Bahnhof.

Ein Tagesausflug zum Strand

Ist es im Sommer sehr heiß, flüchten die meisten Amsterdamer und auch viele Touristen an die Nordsee. Die Strände sind in den Niederlanden sehr breit und angenehm, an den bekannten Stellen aber auch sehr voll. Zandvoort ist der Badeort von Amsterdam. Im Sommer wimmelt es hier von Badegästen, aber es ist doch gemütlich. Und die schönsten Mädchen der Stadt lassen sich bewundern. Es gibt Restaurants, Eisdielen und vielerlei Vergnügungen, die zu Badeferien gehören. Falls es zufällig regnet, können Sie das ›Casino Zandvoort‹, Badhuisplein 7, Ruf 0 25 07 - 79 51, besuchen. Es ist täglich von 14.00–02.00 geöffnet, Tages-, Wochen- und Monatskarten von 5 bis 25 Gulden. Paß mitnehmen, Zutritt ab 18 Jahre. Wer die Menschenfülle nicht liebt und nicht zu faul ist, ihr aus dem Wege zu gehen, braucht nur eine kleine halbe Stunde zu gehen und findet am Strand bestimmt ein ruhiges Fleckchen. Sie kommen nach Zandvoort:
Mit dem Zug vom Hauptbahnhof aus.
Abfahrt: jede halbe Stunde.
Reisedauer: 30 Minuten.
Auskunft: Hauptbahnhof. Ruf 23 83 83.
und
mit dem Autobus von der Elandsgracht / Ecke Marnixstraat.
Abfahrt: alle 15 Minuten.
Reisedauer: 55 Minuten.
Auskunft: N. Z. H. Ruf 24 53 37.

Weitere Badeorte im Norden: Wijk aan Zee, Castricum, Egmond aan Zee, Bergen aan Zee.
Im Süden: Noordwijk aan Zee, Katwijk aan Zee und Scheveningen.
Mit öffentlichen Verkehrsmitteln sind diese Badeorte nicht so leicht zu erreichen, wenn es sich um einen Tagesausflug handelt. Also besser für *Autofahrer* geeignet.

Auskunft

Auskunftsstellen VVV Amsterdam

VVV Auskunftsbüro, die Adresse: Postbus 3901, 1001 AS. Ruf 26 64 44

VVV NZH Koffiehuis, Stationsplein 10. Geöffnet: Ostern bis 1. Okt. Mo.–So. 8.45–23.00. 1. Okt. bis Ostern Mo.–Sa. 9.00– 20.30; So. 10.00–13.30 und 14.30–17.30. (Ruf 9.00–17.00 26 64 44 ab 17.00 und am So. Ruf 22 10 16).

Antwortfrau

(TIGA – Telefonische Informationen der Gemeinde Amsterdam) **Ruf 24 11 11**
Alle Informationen über die Stadtverwaltung

Wochenprogramme

Amsterdam this week
Herausgegeben vom VVV Amsterdam.
Erhältlich beim VVV, in den großen Hotels und bei der KLM.
Nicht im Buchhandel erhältlich.
Enthält Informationen über Ausstellungen, Musik-, Opern- und Ballett-Aufführungen, Restaurants, Hotels, Wechselkurse usw. In englischer Sprache.

Aktueel Amsterdam
Ziemlich ausführlicher Überblick über alles, was in Amsterdam los ist. Erscheint wöchentlich. Im Buchhandel erhältlich.
In niederländischer Sprache, doch mit Hinweisen in mehreren Sprachen.

Cisca-Uitkrant
Monatsblatt in niederländischer Sprache über Kunstereignisse in der Hauptstadt.
Kostenlos erhältlich bei der Stadsschouwburg am Leidseplein.

Holland Herald
Monatsblatt über die Niederlande. In englischer Sprache. Im Buchhandel erhältlich.

Uitgaan. Erscheint wöchentlich
Überblick über alles, was in Amsterdam und der Umgebung stattfindet. Jeden Donnerstag im Buchhandel.

Autofahren

Automobilclub ANWB

Das ANWB entspricht dem deutschen ADAC. Die meisten niederländischen Automobilisten sind Mitglied. Überall in den Niederlanden hat der Verein seine Büros.
Die **Wegenwacht** (Straßenwacht) patrouilliert auf allen Autobahnen und auf Landstraßen.
Sollten Sie als Ausländer eine Panne haben, dann gibt es verschiedene Möglichkeiten der Hilfe:

Die **Wegenwacht** hilft jedem Ausländer gratis, wenn er einen sogenannten Kreditbrief vorweisen kann.
Deutsche Automobilisten, die weder einen Kreditbrief besitzen noch Mitglieder des ADAC sind, werden im Fall von Hilfeleistungen an Ort und Stelle als Mitglied des ADAC eingeschrieben.
Automobilisten aus anderen Ländern können, falls es keine internationalen Vereinbarungen gibt, bar bezahlen.

ANWB-Büro Amsterdam, Museumsplein 5, Ruf 73 08 44 (montags bis freitags von 8.45–16.15; samstags von 8.45–12.00).
Aufrufe, S.O.S. und Autopanne außerhalb Amsterdam: Ruf 070–26 44 26.
Autopanne in Amsterdam: Ruf 26 82 51, Tag und Nacht geöffnet.
Die Informationszentrale, Tag und Nacht geöffnet: Ruf 070–26 44 26, erteilt alle erwünschten touristischen Informationen.

Babysitter

Babysitter-Dienst 92 31 33

Hotelzimmer-Tarif:
00.00–18.00 = 6.00 Gulden
18.00–24.00 = 4.00 Gulden
Für die Vermittlung werden 3.25 Gulden berechnet.

Kriterion Oppas-Centrale
Roeterstraat 34
Ruf 23 17 08

Botschaften und Konsulate

Deutsches Konsulat
De Lairessestraat 172 (S)
Ruf 73 62 45
Geöffnet: 10.00–12.00

Buchhandlungen

In Amsterdam finden Sie heute in vielen Buchhandlungen die internationale und nationale Underground-Presse, die Sie hier wie jede andere Literatur ansehen oder kaufen können. Die Underground-Presse war schon im 17. und 18. Jahrhundert ein gutes Geschäft für Amsterdam. Hier wurde fast alles gedruckt, was im 'anständigen' absolutistischen Europa ringsherum verboten war. Hauptsächlich die französischen Aufklärer und ihre Wegbereiter. Vieles wurde direkt in das Land gebracht, für das es bestimmt war, ohne daß es in Amsterdam an die Oberfläche kam. Der Druck und Verkauf der Underground-Presse ist in Amsterdam also ein traditionelles Geschäft. Aber nicht nur die Underground-Literatur wird in Amsterdam gedruckt, fast 30% der holländischen Presseerzeugnisse werden hier verlegt. In Amsterdam sind insgesamt über 150 Verlage, 250 Druckereien und 100 Buchbindeunternehmen ansässig. Sie finden in Amsterdam in fast jedem Stadtteil Buchhandlungen, und es herrscht ein reges Geschäft mit alten Büchern.

Bücher und Zeitschriften

Athenaeum Boekhandel, Spui 14–16 (Z), Ruf 23 39 33 (sonntags geöffnet).
Beste Buchhandlung Amsterdams, große Auswahl von internationalen Zeitungen, Zeitschriften und Underground-Literatur, viel politische Literatur. Die Zeitschriftenabteilung ist bis zum späten Abend geöffnet und dem Kunden stehen hier Telefonapparate, Fernschreiber und ein Raum, wo er in Ruhe die Zeitung lesen kann, zur Verfügung.
American Discount Book Center, Kalverstraat 158 (Z), Ruf 25 55 37.
Amerikanische Bücher und Zeitschriften.
Van Gelderen, Damrak 35 (Z), Ruf 22 29 79 und Kalverstraat 208 (Z), Ruf 22 29 70.
Selbstbedienungsläden für Zeitungen und Zeitschriften aus der ganzen Welt.
Allert de Lange, Damrak 62 (Z), Ruf 24 67 44.
Fremdsprachige Bücher, Reiseführer und viele Poster.
Langkamp en Brinkmann, Spiegelgracht 19 (Z), Ruf 23 45 12.
Kunstbücher und eine große Auswahl von besonderen Kinderbüchern.
Pegasus, Leidsestraat 25 (Z), Ruf 23 11 38.
Kommunistischer Verlag und Buchhandlung. Importierte Bücher aus allen osteuropäischen Ländern.
Premsela, van Baerlestraat 78 (S), Ruf 72 42 66.
Kunstbuchhandlung mit sehr großer Auswahl.
Van Gennep, Nes 128 (Z), Ruf 24 70 33.
Schwerpunkt dieser Buchhandlung sind Politik und zeitgeschichtliche Dokumente.
Xantippe, Westerstraat 193 (Z), Ruf 23 58 54. Di.–Sa. 10–18
Frauenbücher, alles über Feminismus und Bücher von Frauen geschrieben.
Boekhandel **Navigare,** Kattenburgplein 1, Ruf 23 20 59
Schöne Atlanten, Seekarten, Bücher über Fischerei, Walfischfang usw. Auch antike Bücher und Kuriositäten. Geöffnet: Mo.–Sa. 10–17 Uhr.

Moderne Antiquariate

H. D. Pfann, Oudemanhuispoort 1 (Z), Ruf 22 61 50.
J. de Slegte, Kalverstraat 48 (Z), Ruf 22 59 33.
A. Kok, Oude Hoogstraat 3 (Z), Ruf 23 11 91.

Poster

Verkerke, Utrechtsestraat 107 (Z), Ruf 25 09 87, Leidsestraat 12 (Z), Ruf 26 28 60.

Antiquariate

Erasmus, Spui 2 (Z), Ruf 22 91 47.
Van Gendt & Co., Keizersgracht 96 (Z), Ruf 23 41 07.
V. d. Peet, Nieuwe Spiegelstraat 33–35 (Z), Ruf 23 57 63.

Büchermarkt (Z), Oude Manhuispoort (täglich außer Sonntag und meistens nicht früher als ab 12 Uhr).

Cafés

Amsterdam ist reich an unterschiedlichen Cafés: Cafés mit Terrassen (hauptsächlich rund um Rembrandt-, Leidseplein und Damrak), typische Nachbarschaftscafés (beim Albert-Cuypmarkt zum Beispiel), Ausgehcafés, Seemannscafés, Cafés für Homosexuelle. Alte, klassische Amsterdamer Cafés (leider nur noch wenige) mit Holzfußböden, altmodisch, funktionell, schmucklos (wie Reynders, Oosterling und Huisman) und neu-altholländische Cafés, in denen man meistens auch ein Häppchen essen kann. Sie sind im Stil der alten Cafés eingerichtet. Es gibt zu viele, man kann sie nicht alle aufzählen. Genannt seien hier nur einige, alle in der Innenstadt gelegen, in denen man sich zu Hause fühlen kann:

Ein Wort zum Begriff ›Café‹: Dieses Wort wurde meist mit ›Kneipe‹ übersetzt, was im holländischen eigentlich ›kroeg‹ bedeutet. ›Café‹ ist – am besten erklärt – eine gemütliche, meist alte Volkskneipe, also bestimmt nicht, was man sich unter einem Café vorstellt, obwohl man dort auch Kaffe trinken kann. Um Mißverständnisse zu vermeiden, verwenden wir meistens das Wort ›Kneipe‹, manchmal aber auch – wenn es ganz deutlich ist – das Wort ›Café‹.

Das Konzessionssystem: Dort wo alkoholische Getränke ausgeschenkt werden, sind für den Gast gut sichtbar, meist am Eingang der Gaststätte, Schilder mit der Konzession des Hauses angebracht:

Volledige Vergunning (alle Getränke glas- oder flaschenweise).

Tap-Vergunning (alle Getränke glasweise).

Verlof A (Ausschank von nur schwachalkoholischen Getränken wie Wein, Bier usw.).

Normalerweise sind Kneipen und Cafés bis 1.00 geöffnet. Beim Leidseplein, Rembrandtsplein, in der Umgebung des Zeedijk und der Warmoesstraat haben viele Lokale bis 2.00, freitags und samstags bis 3.00 geöffnet.

De Aas van Bokalen, Keizersgracht 335 (Z). 11.00–01.00. Neu-altholländisches Café. Man kann dort auch essen. Viele Studenten und Leute aus der Werbung.

Het Bruine Paard, Prinsengracht 44. Gemütliches Café. Amsterdamer Interieur.

Chez Nelly, Bethaniendwarsstraat 13. Besitzerin ist die Schauspielerin Nelly Frijda, sie empfängt hier am liebsten verrückte Leute (aus ihrem Beruf).

Cul-de-Sac, Hoedemakersgang am Oudezijds Achterburgwal 99 (Z). Werktags von 11.00–1.00, sonntags von 14.00–2.00 geöffnet. Kleines, intimes Café, Terrasse mit großem Sandkasten für Kinder.

Het Doktertje, Rozeboomsteeg 4. Spezialität: Irish Coffee. Beliebt bei Journalisten. Gute Musik.

De Doffer, Runstraat 12. 20.00–02.00. Neualtholländisches Café.

De Druif, Rapenburgerplein 10. 300 Jahre alt, wie noch deutlich zu sehen ist. Viele Stammgäste.

De Eland, Prinsengracht 296 (Z). Café mit Zwischengeschoß. Bier aus Krügen.

De Engelbewaarder, Kloveniersburgwal 59. Literatencafé mit guter Küche. Mi. u. Sa. 21.30: Poesie- und Musikabende.

Frascati (gleichzeitig Theater), Nes 59. 9.00–01.00. Viele Theaterleute.

De Gelaghkamer, Nieuwe Vijzelstraat 1. Gemütliches Café mit schmackhaften Kleingerichten.

Café Heeren, Heerenstraat 28. Viele Studenten und junge Leute.

Heineken Hoek, Kleine Gartmanplantsoen 1. Lesetisch, Vitamin-Bar, Barbecue, Snacks. Getränke aller Art. Terrasse am belebten Leidseplein.

Hoppe, Spui 18. Café aus dem Jahre 1670.

Bar und Saloon für Journalisten und Studenten.
Hegeraad, Noordermarkt 34. Schönste Kneipe des Jordaan.
Karpershoek, Martelaarsgracht 2. Gut erhaltenes antikes Interieur. Meistens sehr voll.
De Koophandel, Bloemgracht 49 (Z). Café im Stil der zwanziger Jahre, voll authentischer Art Deco.
Monico, Rembrandtsplein 9. Café mit erwärmter sonniger Terrasse.
Café Nol, Westerstraat 109. Seit 1870, echtes Jordaan-Café.
Oosterling, Utrechtsestraat 140. Gemütliche Kneipe. Fässer dienen als Tische. Von 9.00–20.00 geöffnet; sonntags geschlossen.
Oblomow, Reguliersdwarsstraat 40 (Z). Besonders am Wochenende sehr voll, junge Leute. Modisch, aber hübsch.
De Oude Herberg, Handboogstraat 17. Sehr gutes Abend-Café (20.00–2.00). Wird vorwiegend von Journalisten und Studenten besucht.
Papeneiland, Prinsengracht 2. Altes Café mit schöner Aussicht über die Grachten.
De Pels, Huidenstraat 25. Populäres neues Café. Gutes Bier und schmackhafte Zwiebelsuppe.
De Prins, Prinsengracht 124. 'Braunes' Café mit guter Musik und Leckerbissen.
De Prinses, Prinsengracht 96 (Z). Altholländisches Café, Man kann dort auch essen.
De Pieter, St. Pieterspoortsteeg 29. Geöffnet von 20.00–2.00.
De Pool, Oude Hoogstraat 8. Hier wimmelt es von lustigen jungen Leuten.
De Pels, De Prins, De Pieter und **De Pool,** dazu **De Prinses** sind unter dem Namen P'-Café's bekannt und haben den gleichen Charakter.
Pieper, Prinsengracht 424. Wenn es am Leidseplein zu voll ist, hier finden Sie einen Platz.
de Pilsner Club, Begijnensteeg 4. Journalisten-Café. Sonntags geschlossen.
Reynders, Leidseplein 6. Seit über 50 Jahren Café der Amsterdamer Künstler.
Roodmerk, Bethaniënstraat am Nieuwmarkt. Geöffnet von 10.00–19.00. Das alternativste, billigste Café der Stadt. (1 Tasse Kaffee = 50 Cent.) Der Name 'Roodmerk' kommt von der Aktionsgruppe ›De lastige Amsterdamer‹ und der ›Aktie Bedrijfsgroep Amsterdam‹ – Studenten, die in Fabriken arbeiten, um den Arbeiterprotest zu unterstützen – und bedeutet 'Rote Marke'.

Ein marxistisches Café, in dem regelmäßig Versammlungen stattfinden über allerlei aktuelle soziale Angelegenheiten wie Wohnungssanierung, Emanzipation. Es kommen viele Ausländer, doch das Café ist hauptsächlich für Amsterdamer da.
Theo Ruiter, Rozengracht 160. Gutes Café mit ausgezeichneter Küche.
Schaakcafé ›Het Hok‹, Lange Leidsedwarsstraat 134. Hier können Sie Schach, Dame und Go spielen.
Sherry Can, Spui 30. Café mit Restaurant auf dem 1. Stock.
't Smackzeyl, Brouwersgracht 101. Geöffnet von 11.00–1.00. Restauriertes Grachtenhaus mit Aussicht über Brouwers- und Prinsengracht. Gute, kleine Küche.
de Tap, Prinsengracht 478. Gemütliche Atmosphäre.
Welling, J. W. Brouwerstraat 32, beim Concertgebouw. Das Interieur erinnert an die Kulissen eines Stückes von Tschechow.
Westertoren, Nieuwe Leliestraat 2. Hübsches Amsterdamer Café.

Theatercafés

Americain, Leidseplein 28. Das Interieur im Stil der Jahrhundertwende darf laut Bestimmung der Aufsichtsratsmitglieder niemals verändert werden.
Keyzers Bodega, van Baerlestraat 96. Dieses Café 'gehört' zum Concertgebouw. Nach einem Konzert kann man einen Kellner nur schwer von einem Musiker unterscheiden.
Schiller, Rembrandtsplein 26–36. Traditionelles Familiencafé. An Sommerabenden eine der beliebtesten Terrassen.

Probierstuben

›Juffertje in 't Groen‹ (Jüngferchen in Grün), ›Hemdje licht op‹ (Hoch das Hemd), ›Bruidstranen‹ (Brauttränen), ›Berliner Kümmel‹ – oder wie die Likörchen heißen mögen. In den 200 bis 300 Jahre alten Probierstuben der Branntweinbrennereien können Sie probieren, was Ihnen am besten schmeckt. Die drei ältesten und bekanntesten Probierstuben Amsterdams sind:

De drie Fleschjes Gravenstraat 16 hinter dem Dam Ruf 24 84 43	11.00–20.00 Sonntags geschlossen	Sehr alte Probierstube. Genever und Liköre
Wijnand Fockink Pijlsteeg 31/ beim Dam Ruf 24 39 89	10.00–19.30 Sonntags geschlossen	Man pflegt hier den ersten Schluck aus dem Glas zu trinken, ohne es aufzuheben, den Kopf tief über die Theke gebeugt.

Schnäpse, Weine und Sherry aus aller Welt kosten Sie in Bodegas und Weinkellern:

Continental Bodega Lijnbaansgracht 246/ beim Leidseplein Ruf 23 90 98	10.00–19.30 Sonntags geschlossen	Sherry, Portwein, Wein
House of Cutty Sark Spuistraat 304 Ruf 24 29 77	12.00–01.00 Sonntags geschlossen	40 Arten des Cutty-Sark-Trinkens; Schnupftabak gratis
Mulliners Wijnlokaal Lijnbaansgracht 266/267 (Z) Ruf 37 97 82		
Ognibeni Spaklerweg 75 Ruf 92 89 51	10.00–18.00 Sonntags und montags geschlossen	Italienische Weine, Port und Sherry

Camping

Seit 1975 ist es in Amsterdam verboten, im Freien zu schlafen, auch im Vondelpark. Die Polizei paßt gut auf. Das Wenigste, was denjenigen passieren kann, die gegen dieses Verbot verstoßen, ist, daß der Schlafsack beschlagnahmt wird. Campingplätze sind:

Amsterdamse IJsclub, IJsbaanpad 45 (S) (Nähe Olympisch stadion), Ruf 79 67 47.

Amsterdams Bos, Bosrandweg bei Nr. 6, Amstelveen, 12 km südlich der Stadt bei Bovenkerk, Ruf 41 68 68.

De Badhoeve, Uitdammerdijk 10, Durgerdam, Ruf 0 29 04 - 2 94

Vliegenbos (Jugendcamping), Meeuwenlaan 138 (N), Ruf 36 88 55.

Zeeburg (Jugendcamping), IJdijk (O), Ruf 94 66 88.

Discotheken

Atalaya, Kleine Gartmanplantsoen 7 (Z), Ruf 26 35 73

Bell's Club, Amsterdamseweg 497 (S), Ruf 43 03 98.
Teuer.

Bistrotheque, Korte Leidsedwarsstraat 26 (Z), Ruf 22 66 22.
Normale Preise.

Lucky Star, Korte Leidsedwarsstraat 30 (Z), Ruf 26 38 24. Erste Diskothek von Amsterdam, nicht teuer.

Sociëteit 't Okshoofd, Herengracht 114 (Z), Ruf 22 76 85.

Juliana's, Breitnerstraat, im Hilton-Hotel, Ruf 73 73 13.

Het Kompas, Amstelstraat 26 (Z), Ruf 22 35 58.
Normale Preise.

Mazzo, Rozengracht 114 (Z), Ruf 26 75 00.
Video und Filme.

Toy-Toy, Prinsengracht 474–476 (Z), Ruf 26 49 39.
Für Jahrgänge über 30, nicht teuer.
Nur Donnerstag, Freitag, Samstag und Sonntag von 20.00–3.00 geöffnet.

Voom-Voom, Raamstraat 14 (Z), Ruf 22 47 42.
Nicht billig.

Windjammer Club (Marriot Hotel), Stadhouderskade 1 (Z), Ruf 83 51 51.

Einkaufen

Lebensmittel

Die großen Supermärkte haben die kleinen netten Lebensmittelläden fast ganz verdrängt. Aber hin und wieder können Sie den Händler an der Ecke doch noch finden, und außerdem haben sich eine Menge von Spezialgeschäften erhalten.

Metzger

C. de Leeuw, Utrechtsestraat 92 (Z), Ruf 23 02 35.
Gute Wurstsorten und Lammfleisch.

Rodrigues, Vijzelgracht 20 (Z), Ruf 23 28 62.
Große Auswahl von hausgemachten Pasteten, Wurstsorten und Bratwürsten.

Aufschnitt

Loeki, Utrechtsestraat 57 (Z), Ruf 24 37 40
Prinsengracht 705 a (Z), Ruf 24 42 30
Ein reichhaltiges Angebot an Wurst, Schinken, Pasteten und Käse.

Delikatessen

Dikker en Thijs, Leidsestraat 82 (Z), Ruf 25 88 76.
Frisches Gemüse und sehr gute Konserven.

Eichholtz, Vijzelstraat 70 (Z), Ruf 22 91 17, Leidsestraat 48 (Z), Ruf 22 03 05.
F. G. Lebbing, Prinsengracht 805 (Z), Ruf 24 12 53.
Ein altmodischer Laden mit einer modernen Auswahl an Feinkost aller Art.
Warmolts, P. C. Hooftstraat 81 (Z), Ruf 72 04 48.
Große Auswahl, vor allem in Weinen.

Bäckereien

Bakker Lucassen ›In de Lomperd‹, Nieuwebrugsteeg 13 (Z).
Diese Bäckerei besteht seit 1619; hier werden noch altholländische Brotsorten selbst gebacken.
Hartog's Volkorenbakkerij, Ruyschstraat 68 (O).
In dieser Bäckerei bekommen Sie nur sehr gutes Vollkornbrot.
Runneboom, 1ste van der Helststraat 49 (S).
Vom Laden aus können Sie in die Backstube sehen, wo die vielen verschiedenen Brotsorten gebacken werden, am bekanntesten sind die Stangenbrote.
Paul Année, Runstraat 25 (Z), Ruf 23 53 22.
Das echte Sauerteigbrot und gesunde Torten.

›Zuur‹ (Saures)

De Zuurton, Tweede Laurierdwarsstraat 50 (Jordaan).
Ein Spezialladen für eingelegte Gurken und Zwiebeln. Sie können zwischen 25 Sorten wählen.

Fisch

Rienstra, Reguliersdwarsstraat 72 (Z), Ruf 24 87 13.
In diesem Geschäft können Sie Austern, Hummer und frischen Nordseefisch kaufen.
Smit Bokkum, Zoutsteeg 6 (Z), Ruf 22 29 19.

Wein

Wein-Boutique **de Waere Jacob,** Herenstraat 39 (Z), Ruf 23 98 77.
Ein nicht ganz billiger Laden, Sie bekommen hier aber sehr gute Weine, die von einer charmanten Weinkennerin verkauft werden.
Woorts Wijnkoperij, Utrechtsestraat 51 (Z), Ruf 23 74 26.
Spezialgeschäft mit 400 verschiedenen Sorten Wein, u. a. aus Ungarn, Griechenland, Portugal, Frankreich etc. (zivile Preise).

Kaffee und Tee

Diese Geschäfte sind alte Kaffeebrennereien, wo Sie Kaffee und Tee aus den verschiedensten Anbaugebieten kaufen können.
Geel & Co., Warmoesstraat 67 (Z), Ruf 24 06 83.
Simon Levelt, Prins Hendrikkade 26 (Z), Ruf 24 80 14.
H. Keyzer, Prinsengracht 180 (Z), Ruf 24 08 23.
Smit, Leidsestraat 94 (Z), Ruf 23 54 56.

Gewürze

Jacob Hooy, Kloveniersburgwal 12 (Z), Ruf 24 30 41.
Das Geschäft besteht seit 200 Jahren und führt Spezialitäten in Heil- und Küchenkräutern, außerdem ›Drop‹ (Lakritze) und Henna zum Haarfärben.
Drop-Kruiden-Theewinkeltje Bastiaans, Utrechtsestraat 65 (Z), Ruf 23 13 61.

Pralinen

Le Confiseur, Overtoom 448–450 (W).
Jamin International, Kalverstraat 83 (Z).
Eine von den 35 Amsterdamer Filialen der in ganz Holland bekannten Schokoladenfabrik. Sehr gut schmeckende Süßigkeiten, die nicht teuer sind.
Godiva, P. C. Hooftstraat 68 (Z).
80 Sorten Pralinen, Whisky-Trüffel, Vat 69. Diese schönen Pralinen können Sie hier in Luxusverpackungen kaufen.
Pompadour, Huidenstraat 12 (Z).
Zwischen 25 verschiedenen Pralinensorten können Sie hier wählen. Zugleich auch Tearoom.
't Goede Soet, Herenstraat 31 (Z).
40 verschiedene Sorten frische Pralinen.

Feuerwehr

Bei Bränden und wenn ein Auto ins Wasser fällt!	**21 21 21**	**Tag und Nacht**

Foto

Fotodienst

Capi-Lux, Kalverstraat 115 (Z), Ruf 26 70 61, und Nassaukade 361 (W), Ruf 12 82 23.
Dieses Geschäft entwickelt Ihre Agfa- und Kodakfilme, auch Farbfilme, innerhalb von 24 Stunden.

Fundbüro

Polizeipräsidium	**5 59 25 50**	Mo. 13.00–16.00; Di.–Fr. 11.00–16.00

Galerien

American Graffiti	**Öffnungszeiten**	**Ausstellungen**
Berenstraat 20 (Z) Ruf 27 63 43	Di.–Sa. 11.00–18.00	Amerikanische Plakate von Warhol, Dine, Johns.

Architectuurgalerie van Rooy Willemsparkweg 36 (S) Ruf 73 60 74	Di.–Sa. 13.00–18.00	Richtet sich auf heutige Architektur und verwandte Formen von angewandter Kunst.
Art & Project Prinsengracht 785, Ruf 22 03 72	Di.–Sa. 14.00–18.00	Internationale Avantgarde; veröffentlicht jährlich 12 Bulletins.
Galerij Asselijn Lange Leidsedwarsstraat 198–200 (Z) Ruf 24 90 30	Di.–Sa. 12.00–17.00	Abstrakte und figurative niederländische Kunst der Gegenwart.
Galerie Brinkman Kerkstraat 105 (Z) Ruf 22 74 93	Di.–Fr. 11.00–18.00 Sa. 12.00–18.00	Ausstellungen moderner Kunst nach eigener Wahl. Große Kollektion Grafik.
Collection d'Art Keizersgracht 516 (Z) Ruf 22 15 11	Di.–Sa. 13.00–17.00	Konstruktivismus, Superrealismus.
Galerie d'Eendt Spuistraat 270–272 (Z) Ruf 26 57 77 / 24 30 64 Roonsteeg 2 (Z)	Mo. 14.00–18.00 Di.–Sa. 10.00–18.00	Moderne internationale Kunst des 19. u. 20. Jahrhunderts.
Galerie Espace Keizersgracht 548 (Z) Ruf 24 08 02	Di.–Sa. 11.00–17.30	Cobra, Neue Figuration, moderne Richtungen.
Galerie Fiolet Herengracht 86 (Z) Ruf 23 06 05	Di.–Fr. 14.00–18.00 Sa. 12.00–17.00	Ausstellung und Verkauf in- und ausländischer Fotografie.
Galleria Forni Rosmarijnsteeg 7 (Z) Ruf 25 64 61	Di.–Sa. 11.00–18.00	Italienische Kunst
Galerie Jurka Vijzelstraat 80 (Z) Ruf 26 71 41	Di.–Sa. 11.00–17.00	Hauptsächlich Realisten und Neue Figuration.
Galerie Krikhaar Spuistraat 330 Ruf 27 86 85	Di.–So. 10.30–18.00	Expressionismus, Neue Figuration, Cobra.
Lieve Hanel stoot je hoofd niet Vijzelgracht 6–8 (Z) Ruf 23 00 60	Di.–Sa. 12.00–18.00 Do. 12.00–21.00	Moderne figurative und realistische Kunst und Keramik.
Galerie Mokum O. Z. Voorburgwal 334 (Z) Ruf 24 39 58	Mo.–Sa. 11.00–18.00	Niederl. realistische Kunst.
Printshop Prinsengracht 845 (Z) Ruf 25 16 56	Mo.–Sa. 10.00–13.00 14.00–17.30	Ständige Grafik-Ausstellungen niederl. Künstler.

		Künstler können hier selbst Radierungen, Lithos und Siebdrucke herstellen.
Rozengalerie Rozengracht 75 (Z) Ruf 22 19 90	Di.–Fr. 13.30–18.00 Sa. 11.00–17.00	Moderne, aber keine abstrakte Kunst.
Galerie Magdalena Sothmann N. Z. Voorburgwal 284 (Z) Ruf 23 69 20	Di.–Sa. 10.00–17.00	Abstrakter und figurativer Expressionismus. Gemälde, Zeichnungen, Aquarelle und Grafik.
Galerie Swart van Breestraat 23 (S) Ruf 76 47 36	Di.–Sa. 14.00–18.00	Systematischer Konstruktivismus, Computerkunst, Kinetik und Licht.
De Tor Czaar Peterstraat 95 (O) Ruf 22 67 91	Di.–Sa. 14.00–17.00	Moderne figurative und surrealistische Kunst. Grafik, Keramik und Objekte.
Kunsthandel Wending Rokin 154 (Z) Ruf 27 80 83	Di.–Sa. 12.00–18.00 So. 13.00–17.00	Gemälde, Aquarelle, Zeichnungen und Grafik von der ersten Hälfte des 20. Jahrhunderts.
De Witte Voet Kerkstraat 149 (Z) Ruf 25 84 12	Di.–Sa. 12.00–17.00	Moderne Kunst und Keramik.
Canon Photo Galerie Reesstraat 19 Ruf 25 44 94	Di.–Sa. 12.00–18.00	Moderne, kreative Fotografie
Centrum voor Vrouwen in de Beeldende Kunst (CVBK) Zoutkeetsgracht 118 (Z) Ruf 26 84 56	Do., Fr., Sa. 13.00–17.00	Ausstellungen, Vorträge, Workshops für bildende Künstlerinnen.

♂ Gay Scene

Das C. O. C. – ursprünglich die Abkürzung für Kultur- und Unterhaltungszentrum – bietet Homosexuellen Informationen und Beistand. Das Sekretariat und die Administration für Holland haben ihren Sitz: Frederiksplein 14, Ruf 23 45 96.
Abt. Amsterdam
Rozenstraat 14, Ruf 23 40 79.

Hier kann man alle möglichen Auskünfte erhalten, z. B. in welchen Hotels man zusammen mit Freund oder Freundin in einem Zimmer logieren darf. Wenn es Schwierigkeiten gibt, findet man hier die Beratung von Juristen. Eine nützliche und einzigartige Einrichtung.

Eine weitere Einrichtung, die sich mit den Problemen von Homosexuellen befaßt, ist die

Jhr. Mr. J. A. Schonerstichting
Nieuwendijk 17
Ruf 24 63 18.

Hier gibt es **keine** Auskünfte wie beim C. O. C. Es ist eine Beratungsstelle für junge Leute, die mit ihren eigenen Problemen der Homosexualität selbst nicht fertig werden. Für Ausländer kann nicht viel getan werden. Hin und wieder vermittelt man eine Arbeitsstelle für Homosexuelle, die gerne in Amsterdam bleiben möchten.

Cafés und Clubs

Aero-Bar, Kerkstraat 49 (Z), Ruf 22 77 28. Café, Restaurant und Hotel. Täglich von 20.00–5.00 geöffnet.

Amsteltaveerne - (Bar), Amstel 178 (Ecke Amstel/Havemaansteeg (Z), Ruf 23 44 80.

Bet van Beeren, Zeedijk 65 (Z), Ruf 22 53 75 Hauptsächlich für Lesbierinnen von 20.00–2.00 geöffnet.

Cheval Neuf, Paardenstraat 9 (Z), Ruf 23 34 80. Vorwiegend älteres Publikum.

Club Lord, Kerkstraat 51 (Z), Ruf 24 83 23. Täglich von 21.00–3.00 geöffnet.

C. O. C., Rozenstraat 14, Ruf 23 40 79 (Z). Täglich von 22.00–4.00 geöffnet.

Nettester Homosexuellen-Club von Amsterdam. Außerdem nicht so einseitig, da mindestens die Hälfte des Publikums aus Heterosexuellen besteht.

Den Paß mitnehmen, um zu zeigen, daß man über 18 Jahre ist.

Das in dieser Bar verdiente Geld kommt zum Teil einem Fond zugute, mit dem verschiedene Aktivitäten finanziert werden.

Dok, Singel 460 (Z), Ruf 23 75 03. Paß mitnehmen, gegen eine Gebühr von 6.00 Gulden kann man Mitglied für ein halbes Jahr werden.

Downtown Coffee-shop, Reguliersdwarsstraat 31, Ruf 22 99 58.

Homolulu (Disco + Restaurant), Kerkstraat 23 (Z), Ruf 24 63 87.

Incognito, Kerkstraat 39 (Z), Ruf 26 23 01. Von 21.00–3.00 geöffnet.

Mac Donald Club, Reguliersdwarsstraat 11 (Z), Ruf 23 32 98. Stets volle Homosexuellenkneipe. Man muß eingeführt werden oder schon einmal dagewesen sein. Von 22.00–3.00 geöffnet.

Moor's Eldorado, Amstel 14 (Z), Ruf 26 35 29. Von 21.00–3.00 geöffnet.

Viking-Disco, Reguliersdwarsstraat 17 (Z), Ruf 24 06 60.

Geld

Geldmünzen

1 Cent
5 Cent - stuiver
10 Cent - dubbeltje
25 Cent - kwartje

1 Gulden
2,50 Gulden - rijksdaaler

Wechselstuben und Banken

Geöffnet von montags bis einschließlich freitags von 9.00–16.00. In der Halle des Hauptbahnhofs gibt es eine Wechselstube, die täglich, Mo.–Sa. 7.00–22.45, So. 8.00–22.45, geöffnet ist.

Geschäfte und Kaufhäuser

Geschäftsstraßen

Nieuwendijk (Z), hier finden Sie die meisten der preisgünstigen Textil- und Schuhgeschäfte, unter anderem das große Bekleidungshaus C & A und einige Geschäfte, die sich auf Bluejeans und ähnliche Kleidung spezialisiert haben.
Kalverstraat (Z), eine der ältesten Straßen von Amsterdam und die bekannteste Geschäftsstraße von ganz Holland. Für den Autoverkehr ist sie gesperrt, hier können Sie also getrost stehenbleiben und die alten Häuser betrachten, die in ihren Schaufenstern moderne Auslagen präsentieren. In der Kalverstraat können Sie fast alles kaufen, was Ihr Herz begehrt: Bücher, Schmuck, Parfüms, Stoffe und Schuhe. Außerdem befinden sich hier einige exklusive Modegeschäfte, deren bestes die Maison de Bonneterie ist (Kalverstraat 183).
P. C. Hooftstraat (Z), eine sehr anspruchsvolle Ladenstraße mit vielen guten Boutiquen, Delikatessenläden, Antiquitätengeschäften, Juwelieren, Buchhandlungen und Restaurants. Ganz in der Nähe des Stedelijk Museums und des Vondelparks.
Kinkerstraat (W), eine typisch Amsterdamer Geschäftsstraße in einem dicht bevölkerten Stadtteil, in den sich selten Touristen verirren. Man kann hier preisgünstiger einkaufen als im Stadtzentrum, und der tägliche Markt (Ten Katestraat) bietet außerdem noch eine günstige Einkaufsmöglichkeit.
De Jordaan ist keine Geschäftsstraße, sondern ein Stadtteil mit vielen netten und ausgefallenen Boutiquen und kleinen gemütlichen Restaurants.

Spezial-Geschäfte mit ausgefallenen Angeboten

Ruud Ates, Tweede Anjeliersdwarsstraat 5 (Jordaan), Ruf 22 74 65.
Hier können Sie **Ohrringe** kaufen und sich auch gleich die passenden Löcher in die Ohrläppchen machen lassen.
Back Stage, Utrechtsedwarsstraat 67 (Z), Ruf 22 36 38.
Gehäkelte und gestrickte **Kleider, Jäckchen** und **Hüte** in grellen Farben. Man kann dort auch Kaffee trinken.
Brigitte, Amstel 310 (Z), Ruf 24 60 82.
Altmodisches und antikes **Küchengerät,** von großen Herden bis zu kleinen Töpfen.
André Coppenhagen, Bloemgracht 38 (Jordaan), Ruf 24 60 82
Große, kleine, flache, runde, dicke und dünne **Glas- und Holzperlen.**
Eduard & Co., Kromme Waal 27 (Z), Ruf 24 57 02.
Hier finden Sie **Schiffsartikel** wie Beschläge, Bootstaue, Glocken und Barometer.
Le Tournesol, Huidenstraat 21 (Z), Ruf 23 19 64
Di.–Fr. 11.00–17.45; Sa. 11.00–16.00
Blumensträuße und Topfpflanzen.
Hajenius, Rokin 92 (Z), Ruf 23 74 94.
In diesem stilvollen Geschäft können Sie die besten holländischen und brasilianischen **Zigarren** kaufen.
Het Dertiende Huys, Tweede Anjeliersdwarsstraat 13 (Jordaan), Ruf 23 42 95.
Hausrat, Küchengeräte und Delikatessen aus Spanien.
JA-JA, Runstraat 4 (Z), Ruf 25 13 50.
Jan Jansen stellt selbstentworfene, sehr modische **Schuhe** und Stiefel her und verkauft sie in seiner Boutique.

Ed. Kramer, Reestraat 20 (Z), Ruf 26 52 74.
Lange, kurze, dicke, dünne, quadratische, runde und reich verzierte **Kerzen** können Sie hier bewundern und kaufen.
A. Otten, Albert Cuypstraat 104 (S) (auf dem Markt), Ruf 72 97 24.
Holländische Holzschuhe ›**Klompen**‹ in allen Größen.
PETS, Berenstraat 22 (Z), Ruf 24 14 03.
Spielzeug für Erwachsene und moderner Krimskram.
De Potterie, 1ste Weteringdwarsstraat 49 (Z).
In De Potterie finden Sie braune, grüne und blaue **Keramik** im Bauernstil aus Friesland und anderen Provinzen.
Putman, Prinsengracht 234 (Z), Ruf 23 75 18.
Spezialladen für alte **Ansichtskarten,** alte **Kinderbücher** und **politische Stiche.**
Sam Sam, P. C. Hooftstraat 60 (Z), Ruf 72 03 99.
Papermoon, Bloemgracht 76 (Z), Ruf 26 69 85
Alles von Papier ›The best Card-Shop in town‹
Amsterdamse Kaasmakerij, de ›Ark‹, 1e Jac. van Campenstraat 35 (Z)
Di., Mi., Fr. 10.00–18.00
Ein ehemaliger Englisch-Lehrer macht selbst sehr guten ›Bauernkäse‹. Auch frische Butter und Buttermilch.
Wenn Sie gar nicht mehr wissen, was Sie verschenken sollen, dann finden Sie hier bestimmt etwas Passendes.
G. W. Schild, Vijzelstraat 69 (Z), Ruf 23 06 75.
Pfeifen in allen Sorten, Maßen und Preisen. Die teuerste Pfeife kostet 4 500,– DM.
Studio Bazar, Reguliersdwarsstraat 64 (Z), Ruf 22 08 30.
Geschenke für Menschen, die schon alles haben.
Tesselschade / Arbeid Adelt, Leidseplein 33 (Z), Ruf 23 66 65.
Handgemachte **Spielzeugtiere, Babykleidung** mit Smogarbeit und hübsche Tiere für die Wiege.
Tournesol, Huidenstraat 21 (Z), Ruf 23 19 64.
Blumenboutique, wo Sie einzelne Blumen kaufen, sich aber auch selbst Sträuße zusammenstellen können.
Van de Kerkhof, Wolvenstraat 9 (Z), Ruf 23 40 84.
Fransen, Kordeln, Borten, gestickte Schmetterlinge und anderes gesticktes Getier und bunte Bänder für Möbel und Kleidung.
Van der Linde, Rozengracht 38 (Z), Ruf 24 27 91.
Fachgeschäft für **Zeichen- und Malgeräte:** Farbe, Pinsel und Leinwand.
Boekhandel Van Wijngaarden, Overtoom 136 (Z), Ruf 12 19 01.
Nur Landkarten und Reiseführer aller Länder.

Sonntagsläden

Die jüdische Bevölkerung hat in Amsterdam schon immer eine bedeutende Rolle gespielt. Das zeigt sich unter anderem noch an der Existenz von Geschäften, die am Sonntag geöffnet, dafür aber am Samstag geschlossen sind.
Koekenbier, van Wouwstraat 200 (S), Ruf 71 71 54 / Lebensmittel.
Mouwes, Utrechtsestraat 73 (Z), Ruf 23 50 53 / Delikatessen.
Theeboom, Maasstraat 16 (S), Ruf 72 48 27 / Brot O.R.T.
Verdooner, Gelderlandplein 55, Ruf 44 10 56. (S) Brot / Gebäck / Schokolade.
de Vries, 2. Const. Huygensstraat 67 (W), Ruf 12 41 81 / Brot, Lebensmittel.

Abendgeschäfte

Diese Läden sind meistens von 16.00–1.00 geöffnet, und hier können Sie auch nach dem üblichen Ladenschluß noch das kaufen, was Sie eben vergessen haben: Delikatessen, darunter viele Konserven, Obst, Naschereien und Getränke.

Harms, Zeedijk 83 (Z), Ruf 24 38 42.
Reitema & Zn., 2. Rozendwarsstraat 9 (Z), Ruf 23 20 08.
Sterk, Amstelstraat 28–30 (Z), Ruf 26 50 97.
Valvekens, Roeterstraat 2a (O), Ruf 22 97 77.
van der Linden, Korte Koningsstraat 7 (Z), Ruf 24 72 61.
Jado, Weesperzyde 45 (O), Ruf 92 58 06 (Auch am Sonntag geöffnet)

Reformhäuser und ›Kabouterwinkels‹

Gesunde Lebensmittel finden Sie entweder in den traditionellen Reformhäusern oder in den alternativen sogenannten ›Kabouterwinkels‹, die ihr Entstehen den Ideen der politischen Partei der ›Kabouter‹ (Klabauter) verdanken; dies sind meist junge Leute, die sich vor allem für den Umweltschutz einsetzen. In diesen Geschäften kann man Getreidesorten, naturgedüngtes Gemüse, Honig, Vollkornbrot und Milchprodukte zu recht mäßigen Preisen kaufen.

Reformhäuser

Ali's Tropica, Ceintuurbaan 436 (S)
Annee Paul, Runstraat 25 (Z)
De Natuurgenee, Swijze, Frans Halsstraat 72 (S)
Kruidenwinkeltje, Raamsteeg 3 (Z)
Manna, Haarlemmerdijk 174 (Z)
Voogt, Europaplein 37 (gegenüber RAI-Gebäude).
The Garden, Weteringschans 75, Ruf 24 94 57 oder 25 78 86
Vegetarisches Restaurant, Kräuterhaus und Teestube (mit mehr als 200 verschiedenen Sorten Heilkräutern).

›Kabouterwinkels‹ (Makrobiotische Geschäfte)

Arbolito, 2de Egelantiersdwarsstraat (Z).
De Bast, Huidenstraat 9 (Z).
Kosmos, Prins Hendrikkade 142 (Z).
Manna-Bakery, Niasstraat 54 (O).
Oostwest Centrum, Achtergracht 17 (Z), Ruf 24 02 03.
Pimpernel, Quellijnstraat 153 (S).
Rozemarijn, Rozenstraat 141 (Z).
Zonnebloem, Haarlemmerdijk 56 (Z).

Souvenirs

Souvenirs finden Sie in vielen Geschäften auf dem Damrak, vom Hauptbahnhof aus bis zum Dam. In dieser Gegend hat sich fast alles auf den herkömmlichen Tourismus eingestellt: Snackbars, Reisebüros, Abfahrtstellen der Grachten-Rundfahrten und der Sight-Seeing-Autobusse, Wechselstuben, Zeitungskioske und eben **Souvenirgeschäfte.** Die beliebtesten Andenken sind Trachtenpuppen, Holzschuhe und Delfter Blau in allen Variationen.

Hotels und Unterkünfte

Preiswerte Hotels

Name	Anschrift	Ruf
Preise ab 35,–/40,– Gulden (Einzelzimmer) – 60,–/65,– Gulden (Doppelzimmer)		
Florence	van Eeghenstraat 44 (S)	79 37 98
de Harmonie	Prinsengracht 816 (Z)	25 01 74
van Onna	Bloemgracht 102 (Z)	26 58 01
Sanou	Lindengracht 251 (Z)	22 14 60
Preise ab 35,–/45,– Gulden (Einzelzimmer) – 60,–/75,– Gulden (Doppelzimmer)		
Alcor	Gerrit van der Veenstraat 90 (S)	71 21 14
Casa Cara	Emmastraat 24 (S)	72 31 25
L'Esperance	Stadhouderskade 49 (S)	71 40 49
Fantasia	Nieuwe Keizersgracht 16 (Z)	24 88 58
Kap	Den Texstraat 5 b (S)	24 59 08
King	Leidsekade 86 (Z)	24 96 03
De Leydsche Hof	Leidsegracht 14 (Z)	23 21 48
Museumzicht	Jan Luykenstraat 22 (S)	71 29 54
Olszewski	Plantage Muidergracht 89 (O)	23 62 41
P. C. Hooft	P. C. Hooftstraat 63 (S)	72 71 07
Wijnnobel	Vossiusstraat 9 (S)	72 22 98
Preise ab 45,–/65,– Gulden (Einzelzimmer) – 60,–/100,– Gulden (Doppelzimmer)		
Asterisk	Den Texstraat 14–16 (S)	26 23 96
de Gouden Kettingh	Keizersgracht 268 (Z)	24 82 87
Mikado	Amstel 107–111 (Z)	23 70 68
Rokin	Rokin 73 (Z)	26 74 56
Vondel	Vondelstraat 28–30	12 01 20
Preise ab 70,–/100,– Gulden (Einzelzimmer) – 75,–/120,– Gulden (Doppelzimmer)		
Aalborg	Sarphatipark 106–108 (S)	79 90 57
Ambassade	Herengracht 349 (Z)	26 23 33
Cynthia	Vondelstraat 44 (S)	18 24 28
Estheréa	Singel 305–307 (Z)	23 39 52
Groenhof	Vondelstraat 74 (S)	16 82 21
Preise ab 100,–/150,– Gulden (Einzelzimmer) – 140,–/175,– Gulden (Doppelzimmer)		
Arthur Frommer	Noorderstraat 46 (Z)	22 03 28
Centraal Hotel	Stadhouderskade 7 (S)	18 57 65
Jan Luyken	Jan Luykenstraat 58 (S)	76 41 11
Preise ab 150,–/200,– Gulden (Einzelzimmer) – 200,–/300,– Gulden (Doppelzimmer)		
American	Leidsekade 97 (Z)	24 53 22
Apollo Hotel	Apollolaan 2 (S)	73 59 22
Okura Nintercontinental	Ferd. Bolstraat 175 (S)	78 71 11
Pulitzer	Prinsengracht 315–331 (Z)	22 83 33
Amsterdam Marriott	Stadhouderskade 19 (S)	83 51 51
Amsterdam Sonesta	Kattengat 1 (Z)	21 22 23

Hotels

Wer nach Amsterdam kommt und ein passendes Hotel sucht, kann sich an das VVV (Büro für Fremdenverkehr, Stationsplein 10, gegenüber dem Hauptbahnhof, Ruf VVV 26 64 44) wenden, wo man ihm gerne bei der Quartiersuche behilflich sein wird. Zudem veröffentlicht das VVV alljährlich einen Hotelführer, der auf Anfrage kostenlos erhältlich ist.

Wir führen hier lediglich die Adressen verschiedener preiswerter Hotels und solcher auf, in denen vorwiegend junge Leute und Studenten logieren. In diesen 'Jugendhotels' bezahlt man für die Übernachtung im Schlafsaal zwischen 10 und 25 Gulden, Einbett-Zimmer 30 bis 60 Gulden, Doppelzimmer 60 bis 80 Gulden.

Einfachzimmer in kleinen Pensionen werden auch **vor** dem VVV-Pavillon am Bahnhof angeboten.

Da Amsterdam das ganze Jahr über Ziel vieler Touristen ist, bemüht man sich am besten vor Reiseantritt um eine Unterkunft.

Junge Leute

Hotels für junge Leute und Studenten

Name	**Anschrift**	**Ruf**
Adam en Eva	Sarphatistraat 105	24 62 06
Adolesce	Nieuwe Keizersgracht 26 (Z)	26 39 59
Cok	Koningslaan 1 (S)	73 74 11
Eben Haezer	Bloemstraat 179	24 47 17
H 88	Herengracht 88 (Z)	24 44 46
Hans Brinker	Kerkstraat 136 (Z)	22 06 87
Hotel Acro Low Budget	Jan Luykenstraat 44 (S)	72 05 26
Shelter	Barndesteeg 21 (Z)	25 32 30

Sleep-In

Rozengracht 168 — 23 58 71

Um den großen Zustrom jugendlicher Touristen bewältigen zu können, hat die Gemeinde Amsterdam Sleep-Ins eingerichtet. Für ein Sleep-In braucht man einen Schlafsack. Eine Übernachtung kostet 8 Gulden. Man muß ein guter Schläfer sein, es ist dort ziemlich laut. Sleep-In I ist Ende Juni bis Anfang September offen. Es ist auch zu Ostern und Pfingsten geöffnet. Jährlich wird darüber entschieden, ob und wo noch andere Sleep-Ins eröffnet werden sollen. Das VVV und das Sleep-In sind davon unterrichtet.

Hilfsorganisationen für Jugendliche

JAC
Amstel 30 (bei de Munt)
Ruf 24 29 49

Juristischer Beistand, Hilfe bei psychologischen Problemen, allgemeine Ratschläge. Alle Hilfe ist gratis und anonym.
Geöffnet: täglich von 19.00–24.00 und Mo., Di., Do. und Fr. von 12.00–18.00.

Klinik für Geschlechtskrankheiten
Groenburgwal 44 (Z)
Ruf 22 37 77

Sprechstunde: 8.00–11.00.
(Wochenende geschlossen)

Lucifer **Lauriergracht 116 (Z)** **Ruf 25 36 52**	Hilfe für Jugendliche mit psychischen und sozialen Problemen. Tag und Nacht geöffnet.
Deutscher Hilfsverein **Prinsengracht 148 (Z)** **Ruf 22 95 23**	Geöffnet von 10.00–17.00 (Wochenende geschlossen)

Jugend-Treffpunkte

	Öffnungszeiten	Aktivitäten
Akhnaton Nieuwezijdskolk 25 (Z) Ruf 24 33 96	17.00–21.00 manchmal: 21.00–01.00	Freies Jugendzentrum, unterschiedliche Aktivitäten
de Kosmos Prins Hendrikkade 142 (Z) Ruf 26 74 77	je nach Veranstaltungsbeginn Öffnungszeiten im Programmteil der großen Tageszeitungen nachsehen oder im Kosmos anrufen	Yoga, Meditation, kreatives Theater, makrobiotisches Essen
Paradiso Weteringschans 6–8 (Z) am Leidseplein Ruf 26 45 21 / 23 73 48	20.00–1.00/2.00 Mo., Di. geschlossen	Alternatives Kulturzentrum in einer ehemaligen Kirche. Musikveranstaltungen jeder Art; gelegentlich auch Dichterlesungen und Diskussionsabende mit Bürgerinitiativen und politischen Protestveranstaltungen
Mozes en Aaronkerk Waterlooplein 57 (Z) Ruf 22 13 05		Meditationsraum, Sommer und Winter: Freitagabend-Konzert ab 20.00 (Sitar, usw.)
Melkweg Lijnbaansgracht 243 a (Z) hinter dem Leidseplein Ruf 24 17 77	19.30–1.00 Fr., Sa. u. So. bis 2.00 Mo. u. Di. geschl. Restaurant geöff. von 18.00–19.30 danach belegte Brötchen	Theateraufführungen, Filmvorführungen; Mittwochabend: ›Jamsession‹, Workshops. Musikveranstaltungen jeder Art meist an Wochenenden; Platz für mehr als 500 Personen

Diebstahl verhütet man, indem man sein Gepäck z. B. im Hauptbahnhof (Schließfächer oder Gepäckaufbewahrung) oder in einem Sleep-In deponiert. Autos gut abschließen und nichts Wertvolles im Auto liegen lassen.
Achtung! Taschendiebe, vor allem in öffentlichen Verkehrsmitteln, auf Märkten und in Warenhäusern.
Sollte Ihnen trotzdem etwas gestohlen werden, erstatten Sie Anzeige beim:
Polizeipräsidium, Elandsgracht 117, Ruf 5 59 91 11.

Seelsorge

Für Menschen in psychischer Not (mit sozialen oder persönlichen Problemen), die schnelle Hilfe suchen, gibt es einen telefonischen Hilfsdienst unter der Nummer: **16 16 66,** von 9.00–03.00, und an den Wochenenden durchgehend von Freitagmorgen 9.00 bis Montagmorgen 03.00.
Eine weitere Möglichkeit, Hilfe zu bekommen, ist **›De Open Deur‹** (Die offene Tür), ein katholisches Informationszentrum auch für Nicht-Katholiken.
Heiligeweg 37 (Z), Ruf 23 55 54.

Jugendherbergen

Für eine Übernachtung in der Jugendherberge benötigt man einen Jugendherbergsausweis. Wer keinen besitzt, bekommt ihn – sowie alle nötigen Informationen – bei der **Nederlandse Jeugdherberg Centrale,** Prof. Tulpstraat 4–6, Ruf 22 60 45.
Zwei echte Jugendherbergen in Amsterdam sind:

Stadsdoelen	Kloveniersburgwal 97 (Z)	**Ruf 24 68 32**
Vondelpark	Zandpad 5 (S)	Ruf 83 17 44

Kinder

Amsterdam ist eine kinderfreundliche Stadt, die nicht nur mit ihren vielen Grachten, Brücken und zauberhaften Häusern die Kinder fasziniert, sondern ihnen auch sonst noch viele Attraktionen bietet, z. B. den Zoo **Artis,** Plantage Kerklaan 40, Ruf 23 18 36, täglich geöffnet von 9.00 bis Sonnenuntergang, der mit einem Kinderbauernhof, auf dem junge Ziegen, Schafe und andere Tiere leben, und dem berühmten Aquarium die kleinen Besucher anlockt.
Ein Vergnügen für jung und alt ist eine **Grachtenrundfahrt** durch die malerische Altstadt.
Sehr beliebt bei allen Kindern ist natürlich der **Flohmarkt,** auch **Waterloopleinmarkt** genannt, der, um dem Neubau des Rathauses Platz zu machen, für einige Jahre vom Waterlooplein in die Valkenburgerstraat umgezogen ist.
Holzschuhmacherei »de Klompenboer«, N. Z. Voorburgwal 20, Ruf 23 06 32. Täglich können Sie sehen, wie Holzschuhe gemacht werden.
Das **Marionettentheater** ›Jeanette‹, Brouwersgracht 51, Ruf 26 49 83, veranstaltet jeden Samstagnachmittag für Kinder von 10 bis 14 Jahren Vorstellungen statt, in denen die Kinder selbst spontan mitwirken können.

Das **kleinste Theater** ›De Stalhouderij‹ im Jordaan, Bloemdwarsstr. 4 (Z), Ruf 26 22 82. Puppenspiel, Kasperle, Mi., Sa., So.

Kirmes findet in Amsterdam viermal jährlich statt.

Der einzige Jahrmarkt mit festem Datum ist der auf dem Nieuwmarkt: vom Wochenende vor dem Koninginnendag (30. April) bis zum Wochenende nach dem 5. Mai.

Die übrigen Kirmessen werden durch Plakate angekündigt.

Ein Zirkus von Kindern für Kinder ist der **Circus Elleboog,** Egelantiersstraat 169, Ruf 26 58 22. Hier finden am Mittwochnachmittag für Kinder von 6 bis 10 Jahren und am Samstag- und Sonntagnachmittag um 14.00 Vorführungen für Kinder von 4 bis 10 Jahren.

Aber auch die Kinos bemühen sich um die jungen Gäste, einige Lichtspieltheater bieten ein besonderes **Kinderprogramm** an (siehe S. 174). Es gibt ein spezielles Kinderkino: **Amsterdam's Kinderfilmhuis,** in der Kapelle vom früheren Gefängnis Kleine Gartmanplantsoen 14, Ruf 22 82 06. Gute Filme, jeden Mi., Sa. und So. ab 14.30.

Eine wichtige Rolle spielen die **Museen** in Amsterdam, und sie versuchen auch die jüngsten Besucher zu interessieren.

Im neuen **Vincent van Gogh-Museum,** Paulus Potterstraat 7, können Kinder (aber auch Erwachsene) werktags von 10.00 bis 17.00, samstags und sonntags von 13.00 bis 17.00 in der ›Werkstatt‹ unter fachkundiger Anleitung kostenlos malen und mit verschiedenen Materialien experimentieren.

Im **Rijksmuseum** befindet sich die bedeutendste Kunstsammlung des Landes. Für Kinder sind natürlich die alten Puppenhäuser, naturgetreue Verkleinerungen der Patrizierhäuser aus der Zeit um 1700, von besonderem Interesse.

Für ältere Kinder lohnt ein Besuch des **Nederlands Historisch Scheepvaart Museum,** Kattenburgerplein 1, Ruf 72 67 84. Hier finden Sie außer Schiffsmodellen auch Seebilder, Trophäen, Karten, Globen und Navigationsinstrumente. Eine umfangreiche seekundliche Bibliothek gibt Antwort auf die ausgefallensten Fragen Ihrer Sprößlinge. Das Museum ist bis Mitte 1979 geschlossen.

Kürzlich eröffnete das **Niederländische Zentrum des Handwerks.** Hier kann man Ausstellungen und Demonstrationen aus rund 30 verschiedenen niederländischen Handwerksbereichen ansehen und auch teilweise zu zivilen Preisen einkaufen. Nieuwendijk 16, Ruf 24 65 01. Öffnungszeiten: Ganzjährig täglich 9.30–19.00.

Zum Spielen und Austoben laden die vielen Grünflächen Amsterdams ein. Im **Vondelpark** gibt es einen hübschen Spielplatz und im **Amstelpark** Spielzeuge für Kinder, einen Irrgarten und für Naturliebhaber exotische Pflanzen und Bäume.

Wie überall in den Niederlanden sind auch in Amsterdam die Kinder gern gesehene Gäste, und Sie werden in vielen Restaurants **Kindergerichte** auf der Speisekarte finden.

Eine neue Attraktion für jung und alt ist eine Fahrt mit der **Elektrischen Museumsstraßenbahn Amsterdam.** Vom 15. Mai bis zum 28. September (bis zum 26. Mai täglich, danach nur noch am Wochenende) 10.30–17.00. Erwachsene: 1.00 Gulden, Kinder: 0,50 Gulden.

Kinos

Jeden Mittwoch erscheint in den Tageszeitungen das vollständige Kinoprogramm. Außer in den Lichtspielhäusern werden hin und wieder Filme in den Jugendtreffs **Paradiso, Melkweg, Kosmos,** im **Shaffy-Theater** u. a. gezeigt.

Das **Theater Tuschinsky** (Reguliersbreestraat 8) ist wegen seines unverfälschten Jugendstil-Interieurs architektonisch sehr interessant (die Fassade ist übrigens auch beachtenswert).

Filmliebhaber können täglich nachts 0.15 etwas Interessantes in **The Movies,** Haarlemmerdijk 161, Ruf 24 57 90, finden.
Im **Cineac,** Reguliersbreestraat 31, laufen immer Filme für Kinder.
Kunstfilme findet man in folgenden Theatern:

Studio K	Roeterstraat 34, Ruf 23 17 08
Alhambra 2	Weteringschans 134, Ruf 23 31 92
Film Museum	Vondelpark 3, Ruf 83 16 46
Cineclub	Prinsenstraat 28, Ruf 25 00 45, samstags und sonntags geschlossen.

Kleidung

Haute Couture

Dick Holthaus, Vondelstraat 63, Ruf 18 93 77.
Frans Molenaar, Van Baerlestraat 14 (Z), Ruf 73 53 73.

Boutiquen für Damen

Fong Leng Studio, P. C. Hooftstraat 77 (Z), Ruf 73 84 27.
Peter v. d. Haar, N. Z. Voorburgwal 137–139 (Z), Ruf 23 23 27.
The Salty Dog, Kalverstraat 210 (Z), Ruf 23 58 91.
Penelope, Herenstraat 41 (Z), Ruf 23 38 62.
Raymond Linhard, v. Baerlestraat 50 (Z), Ruf 79 07 55.
Time Machine, 2de Tuindwarsstraat 8 (Jordaan), Ruf 24 86 54.
Laura Ashly, Singel 441 (Z), (Nähe Koningsplein), Ruf 22 80 87.

Boutiquen für Herren

Ruiterhuis Rolff, Vijzelstraat 15–17 (Z), Ruf 23 73 26.
Zeilinga, Spui 26 (Z), Ruf 23 67 17.
Society Shop, v. Baerlestraat 20, Ruf 45 11 55.

Boutiquen für Kinder

Harlekijntje, Utrechtsestraat 128 (Z), Ruf 6 27 38. Exklusive Entwürfe, gehäkelt und gestrickt.
Hobbit, P. C. Hooftstraat 142 (S), Ruf 71 38 37.
't Schooltje, Overtoom 451 (S), Ruf 83 04 44

Army-Surplus

Speijer, Houtkopersburgwal 15 (Z), Ruf 24 17 17.
American stock, Da Costastraat 76 (W), Ruf 16 58 89 und Albert Cuypstraat 61 a (S).
Dump Store Amsterdam, Ferd. Bolstraat 156 (Z), Ruf 71 17 94.
Sie finden außerdem auf dem **Nieuwendijk** viele Army-Surplus-Paläste.

Land und Leute

Amsterdamer Volkssprache

Im Lauf der Zeiten sind zum Holländischen viele Wörter aus anderen Sprachen hinzugekommen. Typisch dafür sind die Ausdrücke aus dem Jiddischen wie etwa:

bajes für Gefängnis
jofel für treu
gein für Scherz, Humor
tof für gut
kapsones für Einbildung
smeris für Polizist

Weiteren Ausdrücken der Volkssprache begegnen wir natürlich in der Kneipe. So ist der Amsterdamer sehr erfinderisch darin, sein Gläschen Genever zu umschreiben. Er spricht über: **Borrel, Hassebassie, Keiltje, Neutje, Oortje, Pikketanussie, Spatje, Recht-op-en-neer.**

Bier mit Genever vermischt heißt hier **Kopstoot** (Kopfstoß), ein Gläschen holländischen Weinbrands wird **Koetsiertje** (Kutscherchen) genannnt.

Auch die Spiele im Café haben eigentümliche Namen: In dem Nieuw Amsterdams Kroegenboek werden die folgenden verzeichnet:

Knobbelen: verschiedene Würfelspiele. Zunächst wird der Wert der Augen auf einem Würfel bestimmt und dann hintereinander geworfen. Beinahe jedes Café zählt und bewertet anders. Man muß sich also zunächst erkundigen, bevor man mitmacht.

Toepen: ein Glücks- und Pokerspiel mit vier Karten. Der letzte Stich ist der wichtigste. Keine Trümpfe, 10 ist die höchste Zahl. Ursprünglich aus Limburg, aber auch in Amsterdam sehr beliebt. Man spielt bis zu 15 Punkten.

Klaverjassen: ein sehr bekanntes, kompliziertes Kartenspiel, wovon in Amsterdam eine Variante gespielt wird: das **kraken**.

Auch das Geld wird mit Namen bezeichnet, die zum volkstümlichen Sprachgebrauch gehören:

Die 25 Cent-Münze heißt normal **kwartje**, im Volksmund aber (jiddisch!) ein **heitje**, ein Gulden ist ein **piek**, ein Zehn-Gulden-Schein ist ein **joetje,** 25 Gulden sind ein **geeltje,** hundert Gulden ein **meyer** und tausend Gulden ein **rooie rug** (rote Rückseite).

Märkte

Tägliche Märkte für Lebensmittel, Kleidung und Haushaltswaren. Sonntags geschlossen.

Albert Cuypstraat (S), der größte Markt, der jedermann viel, auch ausgefallene Lebensmittel, bietet. Viele exotische Produkte, gute, billige Kleidung.
Dapperstraat (O), hinter dem Tropenmuseum. Echter Volksmarkt.
Ten Katestraat (W), bei der Kinkerstraat. Echter Volksmarkt.
Lindengracht (Jordaan), nur Samstag von 9.00–17.00 geöffnet.

Verschiedene Märkte mit ganz speziellen Angeboten:

Blumenmarkt (Z), wird von Montag bis Samstag auf dem Singel, von Munt bis Koningsplein abgehalten.
Briefmarkenmarkt (Z), N. Z. Voorburgwal, hinter dem Königlichen Palast; Mittwoch und Samstag ab 13.00.
Büchermarkt (Z), Oude Manhuispoort, täglich außer Sonntag, ab 12.00. (Interessanter Markt für alte Bücher).
Flohmarkt (Z), täglich außer Sonntag, in der Valkenburgerstraat.
Pflanzenmarkt (Z), Amstelveld (Montagvormittag, von Mai bis Oktober).
Lapjesmarkt/Stoffrestemarkt (Jordaan), Noordermarkt/Westerstraat (Montagvormittag).
Vogelmarkt (Jordaan), Noordermarkt (Samstagvormittag; außer Vögel auch Kleinvieh, z. B. Kaninchen, Hamster).
Antikmarkt, auf dem Nieuwmarkt. Von Mai bis September jeden Sonntag.
Antikmarkt, an der Looiersgracht. Donnerstags von 10.00–21.00, freitags und samstags von 10.00–17.00.

Museen und Sammlungen

Anne Frank Huis, Prinsengracht 263 (Z), Ruf 26 45 33.
Wochentags von 9.00–17.00, sonntags 10.00–17.00 geöffnet.
Zufluchtsort der Familie Frank während der Besetzung Amsterdams durch deutsche Truppen. Hier schrieb Anne Frank ihr berühmt gewordenes Tagebuch.
Amsterdams Historisch Museum, Kalverstraat 92 (Z), Ruf 25 58 22.
Wochentags von 9.30–17.00, sonntags von 13.00–17.00 geöffnet.
In der überdachten Straße befindet sich die einzigartige Galerie von Schützenstücken. Dem Museum angeschlossen sind ein Café und ein Restaurant.
Museum Amstelkring, O. Z. Voorburgwal 40 (Z), Ruf 24 66 04.
Wochentags von 10.00–17.00, sonntags von 13.00–17.00 geöffnet.
Handelshaus des 17. Jahrhunderts mit Schlupfkapelle; (1663), Sint Nicolaas, dem Schutzheiligen der Stadt, geweiht. Der Gottesdienst wurde auf dem Dachboden abgehalten, daher der noch immer bestehende Name ›Ons Lieve Heer op Solder‹ (Unser lieber Herr auf dem Dachboden). Die Schlupfkirche blieb in Gebrauch, bis 1887 die neue St. Nicolaaskerk gebaut wurde. Anschließend wurde die ehemalige Kirche als Museum eingerichtet. Die Sammlung besteht aus der ursprünglichen Kircheneinrichtung, Gemälden, Kirchensilber, Büchern und Stichen aus dem katholischen Leben in Amsterdam nach der Reformation. In den Museumsräumen finden regelmäßig Konzerte statt.
Allard Pierson Museum, Oude Turfmarkt 127 (Z), Ruf 5 25 25 56.
Geöffnet dienstags bis freitags von 10.00–16.30; samstags und sonntags 13.15–16.30. Sammlung des Archäologischen Instituts der Universität. Altertümer aus Mesopotamien, Ägypten, Griechenland und Rom.
Banketbakkersmuseum (Konditoreimuseum), Wibautstraat 220 (O), Ruf 15 33 44.
Mittwochs von 10.00–16.00 und nach Vereinbarung geöffnet.
Alte Bäckerei mit Laden, komplett mit Geräten, Brot- und Kuchenformen, alten Stichen und Rezeptbüchern.
Bijbels Museum (Bibelmuseum), Kromhout-huis, Herengracht 366 (Z).
Dienstags bis samstags von 10.00–17.00 Uhr, sonntags 13.00–17.00 geöffnet.
Die Sammlung enthält Gegenstände der biblischen Archäologie und verschiedene Gebrauchsgegenstände aus dem Mittleren Osten.

Bos-Museum (Wald-Museum), Amsterdamse Bos, Nieuwe Kalfjeslaan (S), hinter dem Bauernhof Meerzicht. Ruf 43 14 14.
Montags-samstags 9.00–16.00, sonntags 10.00–17.00. Eintritt frei.
Film-Museum, I. C. C.-Paviljoen, Vondelpark 3, Ruf 83 16 46.
Dienstags 13.30–17.00, mittwochs und donnerstags 9.00–12.30/13.30–17.00 geöffnet.
Fodor, Keizersgracht 609 (Z), Ruf 24 99 19.
Wochentags von 9.30–17.00, sonntags von 13.00–17.00 geöffnet. Eintritt frei. Verschiedene Ausstellungen Amsterdamer Künstler.
van Gogh Museum, Paulus Potterstraat 7 (S), Ruf 76 48 81.
Wochentags von 10.00–17.00; sonntags von 13.00–17.00 geöffnet.
Am 2. Juni 1973 wurde das Museum von Königin Juliana eröffnet. Es enthält 200 Bilder und 400 Zeichnungen von van Gogh.
Industrieel en Technisch Instituut (Institut für Gewerbe und Technik), Rozengracht 224 (Z), Ruf 24 81 68.
Geöffnet montags-freitags von 10.00–16.00; samstags und sonntags von 13.00–17.00.
Technisches Sammelsurium, Motoren, Elektronik, Atomenergie. Mit Filmen, Vorlesungen und Vorführungen.
Joods Historisch Museum (Jüdlsch-Historisches Museum), Nieuwmarkt 4 im Waaggebouw (Z), Ruf 24 22 09.
Wochentags von 9.30–17.00, sonntags von 13.00–17.00 geöffnet.
Dokumentation über die Judenverfolgung im Zweiten Weltkrieg.
Pijpenkamer JCON, Frederiksplein 16 (Z), Ruf 24 92 08.
Dienstags-samstags 10.30–17.00, sonntags, montags und an Feiertagen geschlossen.
7000 Pfeifen aus vielen Jahrhunderten, gefunden im Boden Amsterdams.
Rembrandthaus, Jodenbreestraat 4–6 (Z), Ruf 24 94 86.
Wochentags von 10.00–17.00, sonntags von 13.00–17.00 geöffnet.
Die Sammlung enthält Radierungen, Zeichnungen und persönliche Gegenstände Rembrandts, der hier 20 Jahre lang wohnte.
Rijksmuseum (Reichsmuseum), Stadhouderskade 42 (S), Ruf 73 21 21.
Wochentags von 10.00–17.00, sonntags von 13.00–17.00 geöffnet.
Reichhaltige Sammlung niederländischer Malerei des 15.–19. Jahrhunderts; Staatliches Kupferstichkabinett; Niederländische Geschichte bis 19. Jh.; Museum für asiatische Kunst; Kunsthistorische Bibliothek mit 35 000 Büchern.
Scheepvaart Museum (Schiffahrtsmuseum), Lands Zeemagazijn, Kattenburgerplein 1–7 (Z), Ruf 25 41 75. Wochentags von 10.00–17.00, sonntags von 13.00–17.00 geöffnet.
Nautische Geschichte der Niederlande; Modelle von Segel- und Dampfschiffen; Karten, Globen und Navigationsinstrumente; umfangreiche seekundliche Bibliothek.
Stedelijk Museum (Städtisches Museum), Paulus Potterstraat 13 (S), Ruf 73 21 66.
Wochentags geöffnet von 9.30–17.00, an Sonn- und Feiertagen von 13.00–17.00.
Ständig wechselnde Ausstellungen moderner Kunst; umfangreiche Bibliothek.
Theatermuseum, Herengracht 168 (Z), Ruf 23 51 04.
Werktags von 10.00–17.00, an Sonn- und Feiertagen von 11.00–17.00 geöffnet.
Sammlung zur niederländischen Theatergeschichte. Das Museum befindet sich in einem Patrizierhaus von 1618, das den ersten Halsgiebel der Stadt trägt.
Tropen-Museum, Linnaeustraat 2, Ruf 65 26 80. Montags-freitags 10.00–17.00, samstags, sonntags 12.00–17.00.
Sammlung von Kunst- und Gebrauchsgegenständen aus den Tropen und Subtropen; Mineraliensammlung.
Werkstatt für Kinder ab 6 Jahre; Konzerte orientalischer Musik; Informationen über Entwicklungsländer in Tropengebieten.
Madame Tussaud, Kalverstraat 156 (Z), Ruf 22 99 49.
15. Juni – 10. Juli 10.00–19.00, 11. Juli – 31. August 10.00–20.00, 1. September – 14. Juni 10.00–18.00.

Holländisches Pendant des berühmten englischen Wachsfigurenkabinetts.

Veiligheidsinstituut (Sicherheitsinstitut), Hobbemastraat 22 (S), Ruf 73 64 14.
Werktags von 8.30–12.00 und 13.00–16.30 geöffnet, samstags und sonntags geschlossen.
Demonstrationen zur Sicherheit im Haushalt und am Arbeitsplatz. Gruppenbesuch mit mindestens 10 Personen, bei Voranmeldung finden Führungen statt, keine Kinder ohne Begleiter.

Willet Holthuysen, Herengracht 605 (Z), Ruf 26 42 90.
An Wochentagen von 9.30–17.00, an Sonn- und Feiertagen 13.00–17.00 geöffnet. Der Garten ist werktags von 9.30–16.45, an Sonn- und Feiertagen 13.00–16.45 geöffnet.
Das Museum befindet sich in einem Patrizierhaus des 17. Jahrhunderts; lokalgeschichtliche Sammlung von Möbeln, Glas, Porzellan, Gold und Silber (16.–19. Jahrhundert).

Het Wijnkopersgildehuys (Weinhändler-Gildehaus), Koestraat 10–12 (Z), Ruf 23 12 10.
Wochentags von 10.00–12.00 und 14.00–16.00 geöffnet, an Sonn- und Feiertagen und montags geschlossen.

Zoologisches Museum der Universität, Plantage Middenlaan 53 beim Zoo, Artis, Ruf 5 22 34 10.
Geöffnet Mo.–Fr. 9.00–17.00.
Ausstellungen über die Tierwelt.

Musik

Jazz

Bohemia Jazz Club, Kromboomssloot 14 (Z), Ruf 26 28 52.
Eintritt frei, Donnerstagabend: Blues.

Etablissement »De Kroeg«, Lijnbaansgracht 163, Ruf 25 01 77.
Geöffnet für Jazz jeden Sonntag, Montag, Dienstag ab 22.30.

De Schutterzolder, Voetboostraat 13–15, Ruf 25 53 30.
Geöffnet ab 12.00, sonntags ab 14.00.
Donnerstags Jazz.

Joseph Lam Jazzclub, Laagte Kadijk 35, Ruf 22 80 86.
Geöffnet jeden Freitag, Samstag, Sonntag ab 21.30.

Jazzland, Korte Leidsedwarsstraat 105, Ruf 23 27 17.
Geöffnet ab 21.30. Mo, Di, Mi geschlossen.

Außerdem finden Jazz-Abende statt in den Jugendtreffpunkten:

Melkweg, Lijnbaansgracht 234a (Z), Ruf 24 17 77.

Paradiso, Weteringschans 6 (Z), Ruf 26 45 21 / 23 73 48
Informationen über Jazzkonzerte in ganz Holland erteilt die Jazz-Lijn, Ruf 0 20-26 77 64.

Bimhuis, Oude Schans 73 (2), Ruf 23 33 73
Jeden Mittwoch, Donnerstag, Freitag und Samstag Jazzkonzerte. Beginn 21.30.

Runn-Inn, Runstraat, Ecke Keizersgracht 402, Ruf 22 79 34.
Täglich live Jazz Sessions.

Konzerte

Museum Amstelkring O. Z. Voorburgwal 40 (Z) Ruf 24 66 04 (siehe auch unter Museen)	Von Oktober bis einschl. Mai monatlich einmal ein Kammermusik-Programm (Barock) an einem Sonntagabend. In der Kapelle des Handelshauses aus dem 17. Jahrhundert (ehemalige Schlupfkirche) ist Platz für 185 Zuhörer.
Bachzaal Bachstraat 5 (S) Ruf 73 03 03	Das ist der Konzertsaal des Amsterdamer Konservatoriums. Viele Konzerte werden von Schülern gegeben. Telef. Reservierungen 10.00–14.00.
Carré Amstel 115–125 (Z) Ruf 22 52 25	Kassenstunden: 10.00–19.00, sonntags 13.00–19.00 Programmbeginn: 20.15. Neben den häufigen Musical-Aufführungen, bringt dieses Theater auch einige große Opern und Musikexperimente, meistens während der Zeit des Holland-Festivals vom 15. Juni bis 9. Juli.
Concertgebouw van Baerlestraat 98 (S) Ruf 71 83 45	Kassenstunden: 10.00–15.00 Programmbeginn: 20.15 Die Programme aller Konzerte im Großen wie auch im Kleinen (Kammermusik) Saal sind am Concertgebouw angeschlagen. Außerdem finden Sie Programmhinweise in den Tageszeitungen.
Mozes en Aaronkerk Waterlooplein 57 Ruf 22 13 05	Indische Musik, Karten ab 19.30 an der Kirche.
Odeon Singel 460 (Z) Ruf 24 97 11	Jeden Montag Kammermusik. Anfang 20.30.
Shaffy-Theater Keizersgracht 324 (Z) Ruf 23 13 11	Telefonische Reservierungen werden in der Zeit von Dienstag–Samstag 14.00–19.30 entgegengenommen. Im Konzertsaal dieses vielseitigen Theaters werden oft experimentelle Musikstücke geboten.
Sonesta Koepelzaal Ronde Lutherse Kerk Eingang Kattegat Ruf 21 22 23	Jeden Sonntag Kaffeekonzerte. Beginn: 11.00 Der Saal ist ab 10.30 geöffnet. Ab und zu Abendkonzerte. Beginn 20.30.
Stadsschouwburg Leidseplein (Z) Ruf 24 23 11	Kassenstunden: 10.00–15.00; telef. Reservierungen 11.00–15.00. Eine Woche vorher Plätze bestellen. Da es kein Opernhaus gibt, finden in der Stadsschouwburg auch Opernaufführungen statt.

Stedelijk Museum
Paulus Potterstraat 12 (S)
Ruf 73 21 66

Samstagnachmittag: 15.00
Gratiskonzerte für Museumsbesucher,
Musik der Gegenwart abwechselnd mit klassischer Kammermusik.

De Suite
Willemsparkweg 190 (S)
Ruf 72 20 23

Telefonische Reservierungen am Tag des Konzertes. Kassenstunden 10.00–16.00. Jeden Montagabend 20.15 Kammermusik, darunter von modernen holländischen Komponisten.

Waalse Kerk
O. Z. Achterburgwal 157 (Z)
Ruf 23 20 74

Regelmäßig klassische Kammermusikabende vnl. Barok. Reservierung bei Cisca oder VVV: 10.00–16.00.

Westerkerk
Prinsengracht 281 (Z)
Ruf 24 77 66

Jeden ersten Montag im Monat gratis ›Sirenen‹-Konzert. Genau eine halbe Stunde nach dem monatlichen Geheul der Bürgerschutz-Sirenen. Regelmäßige Orgelkonzerte und Oratorium-Aufführungen.

De Ijsbreker
Weesperzijde 23 (O)
Ruf 68 18 05

Zentrum für heutige Musik. Konzerte meistens am Freitag und Samstag ab 21.00. Jeden Donnerstag (Sept.–Juni) 12.30 gratis Lunchkonzert.

Orgelkonzerte

Oude Kerk, Oude Kerksplein, samstags: 20.15.
Westerkerk, Prinsengracht 281, montags: 20.15.
Waalsekerk, O. Z. Achterburgwal 157, verschiedene Abende

Informationen: VVV, Ruf 26 64 44

Glockenspiel-Konzerte

Koninklijk Paleis	Dam	Montag: 12.00–13.00
Oudekerk	Oudekerksplein	Samstag: 16.00–17.00
Westerkerk	Westermarkt	Dienstag: 12.00–13.00
Zuiderkerk	Zandstraat	Donnerstag: 12.00–13.00
Munt-toren	Muntplein	Dienstag und Freitag: 12.30–13.00

Nachtleben

Nachtclubs und Bars mit Musik

Bamboo-Bar, Lange Leidsedwarsstraat 66 Ruf 24 39 93.
›Life‹ Musik. Ein Klavier lädt jeden zum Spielen ein.
Montags ab 22.00 wird alter Jazz, mittwochs ab 22.00 wird aktueller Jazz gespielt.

Boeing-Club, Prinsengracht 480 (Z), an der Leidsestraat, Ruf 22 64 13.
Die Einrichtung ist einem Flugzeuginteri-

eur nachgebildet, und Sie können es sich auf den Sitzen der ersten Klasse bequem machen.

Carrousel, Thorbeckeplein 20 (Z), Ruf 23 45 38.
Aktuelle Musik zum Mitsingen.

Folk Fairport, Prinsengracht 282 (Z), Ruf 22 54 87. Jeden Abend Life-Vorführungen.

Li-La-Lo, de Clerqstraat 107 (W), Ruf 18 00 71. So., Mo., Di. geschlossen. Jiddisches Cabaret.

Le Maxim, Leidsekruisstraat 35 (Z), Ruf 24 19 20.
Monsieur Max singt von 22.00 ab selbst am Klavier Chansons und Lieder (auch auf Wunsch).

Revolution, Lange Leidsedwarsstraat 35 (Z), Ruf 23 16 55.

Floor-Show und Striptease

Blue Note, Korte Leidsedwarsstraat 71 (Z), am Leidseplein, Ruf 24 69 52. Tanz von 3.00–4.00, Floor-Show am Abend.

Piccadilly, Thorbeckeplein 6–10, Ruf 26 84 94.

Die ›Walletjes‹

Das ist ein feststehender Begriff für jeden Amsterdamer, ein Spitzname für die beiden schönsten und ältesten Grachten der Stadt, den Oudezijds Voor- und Oudezijds Achterburgwal. Schon seit Jahr und Tag sitzen hier in den engen Straßen zwischen diesen beiden Grachten die Prostituierten hinter den Fenstern ihrer mit schwülem roten Licht erleuchteten Zimmerchen, für die sie pro Tag rund 80 Gulden zahlen müssen. An warmen Tagen stehen sie auch dürftig bekleidet im Türrahmen und warten auf Kundschaft, meistens räkeln sie sich in ihren prächtigen Plüschsesseln. Wenn die Gardinen zugezogen sind, bedeutet das, daß sie beschäftigt sind. Die Preise schwanken zwischen 50 und 500 Gulden. Theoretisch ist ihr Gewerbe natürlich nicht legal, doch die Steuer nimmt sich einen beträchtlichen Teil von ihrem Verdienst.

In der letzten Zeit werden diese Damen von den mit bunten Lampen geschmückten, sich laut anpreisenden Sextheatern etwas in die Enge getrieben, aber sie werden von dem Betrieb, der sie umgibt, auch noch ihren Nutzen haben.

Für Amsterdam ist es typisch, hier zwischen einem Lustschaufenster und einem Sextheater plötzlich die Niederlassung eines Importeurs für Handschuhe, Schirme und andere Artikel, die nichts mit Sex zu tun haben, zu finden. Es gibt hier ja auch Gemüseläden, Bäckereien und Metzgereien. Sex macht Appetit.

Diese bunte Gegend erreichen Sie am besten, wenn Sie vom Hotel Krasnapolsky am Dam aus durch die Warmoesstraat (mit einer Vielfalt von internationalen Eßlokalen) gehen und rechts abbiegen. Der Zeedijk ist eine malerische Straße voller Seemannskneipen mit Namen wie Skip a Hoy Bar, Sailor's Place, The Seven Seas, Pacific, Coney Island Bar usw. Leider ist der Zeedijk in den letzten Jahren Umschlagplatz für Drogen geworden. Über den Zeedijk kommen Sie zum Nieuwmarkt mit dem historischen ›Waaggebouw‹, der Stadtwaage. Dann gehen Sie rechts durch den Barndesteeg zum Oudezijds Achterburgwal. Gehen Sie diese Gracht rechts entlang und biegen Sie am Ende links ab, dann erreichen Sie die parallellaufende Gracht, den Oudezijds Voorburgwal. Sie gehen nun in umgekehrter Richtung bis zur Damstraat und kommen schließlich wieder auf den Dam.

Am Tage macht diese Gegend einen verschlafenen Eindruck, doch wenn die Lichter angehen, wird es lebendig im Viertel der roten Laternen.

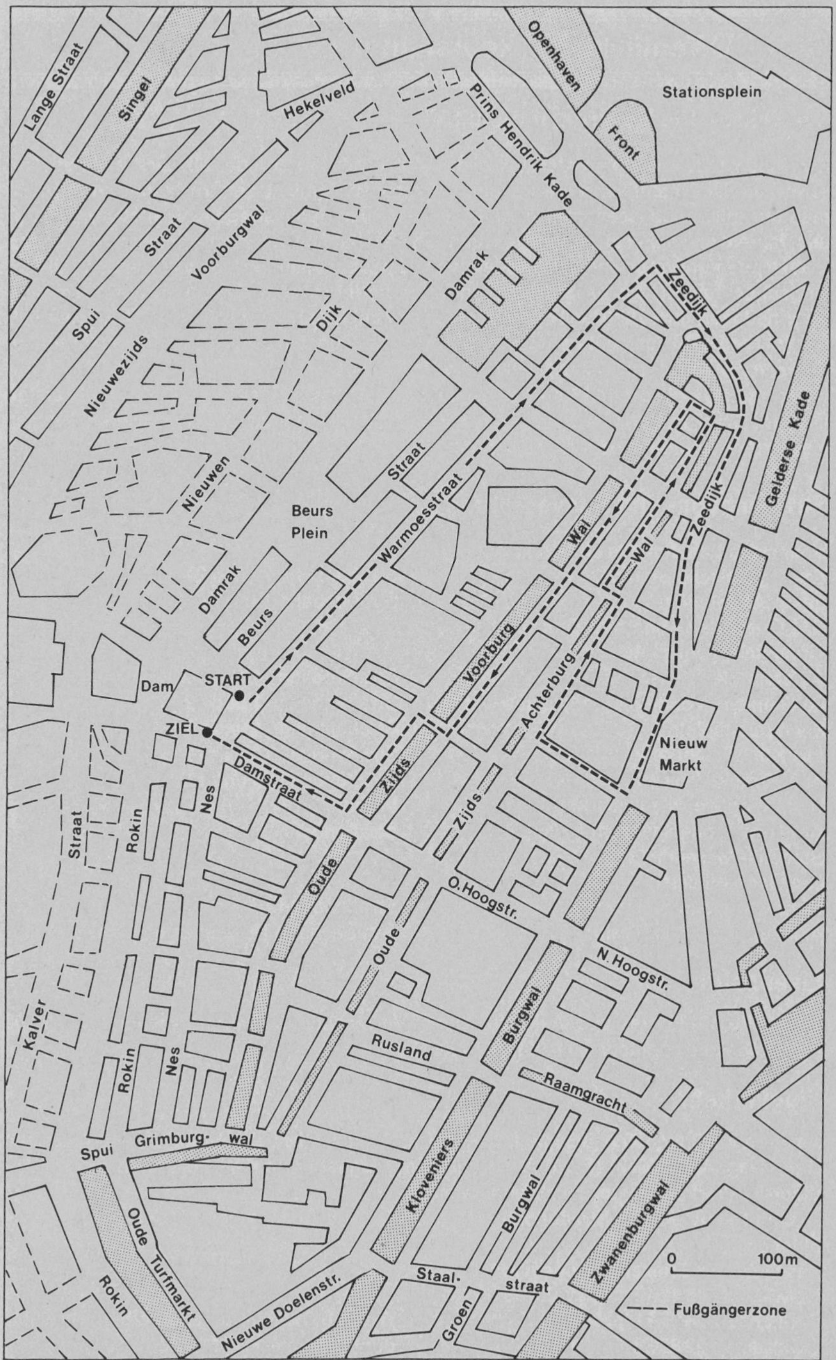
Lange Straat
Singel
Hekelveld
Openhaven
Prins Hendrik Kade
Stationsplein
Front
Voorburgwal
Straat
Spui
Nieuwezijds
Dijk
Damrak
Zeedijk
Nieuwen
Straat
Beurs
Plein
Warmoesstraat
Wal
Gelderse Kade
Damrak
Beurs
Wal
Zeedijk
Voorburg
Achterburg
Dam
START
ZIEL
Damstraat
Nes
Zijds
Zijds
Nieuw
Markt
Straat
Rokin
Oude
O. Hoogstr.
Oude
N. Hoogstr.
Burgwal
Kalver
Rusland
Rokin
Nes
Raamgracht
Spui
Grimburg-
wal
Kloveniers
Burgwal
Zwanenburgwal
Oude
Turfmarkt
0
100 m
Rokin
Nieuwe Doelenstr.
Staal-
straat
Groen
Fußgängerzone

Öffentliche Verkehrsmittel

Verkehrs- und Beförderungsmittel

Die Innenstadt von Amsterdam ist nicht sehr groß. Im Grunde läßt sich alles zu Fuß erreichen. Die öffentlichen Verkehrsmittel rechnen damit: Den Grachtengürtel erreicht man nur mit Autobussen oder Straßenbahnen über Radialstraßen. Vom Hauptbahnhof aus fahren die meisten Autobusse und Straßenbahnen durch die Innenstadt zu den verschiedenen Vororten. Wir wollen von diesen Linien nur einige nennen, die in Gegenden fahren, wo es Museen, Parks und/oder andere Sehenswürdigkeiten gibt. Informationen über die Benutzung der Verkehrsmittel erteilt der G. V. B. (Gemeentelijk Vervoerbedrijf)-Kiosk auf dem Bahnhofsvorplatz. Dort erhält man auch einen Fahrplan, der über Routen, Tarife und Kartenverkauf informiert.

Möchte man die öffentlichen Verkehrsmittel benutzen, sollte man auf alle Fälle einige Guldenstücke und kleines Geld bei sich haben. Kartenverkauf in Zigarrenläden. Billiger als Karten in Autobus oder Straßenbahn.

Straßenbahn- und Busverkehr

Vom Hauptbahnhof aus erreichen Sie	
das Olympische Stadion	Straßenbahn 16 und 24
das AJAX-Stadion	Straßenbahn 9
RAI-Gebäude / Kongress-Zentrum	
Crest und Alpha Hotel	
Amstelpark	Straßenbahn 4
Leidseplein, Vondelpark, Rijksmuseum	Straßenbahn 1 und 2
Rembrandtsplein	Straßenbahn 4 und 9
Jordaan, Westerkerk	Straßenbahn 13 und 17
Anne Frank-Haus	Straßenbahn 13 und 17
Waterlooplein, Nieuwmarkt	Metro
Artis und Tropenmuseum	Straßenbahn 9
Stedelijk Museum	
van Gogh Museum	
Concertgebouw	Straßenbahn 16
Amsterdamse Bos (Wald)	Straßenbahn 16, umsteigen auf Bus 65

Eisenbahn

Auskünfte, Abfahrts- und Ankunftszeiten, Verbindungen, Fahrpreise von 8.00–22.00 (samstags und sonntags ab 9.00), Ruf 23 83 83.

Flugverkehr

Amsterdams Flughafen **Schiphol,** liegt 12 km südwestlich der Stadt an der Autobahn Den Haag–Amsterdam (E 10). Vom und zum Flughafen unterhält die KLM einen ständigen Busverkehr ab und zum Hauptbahnhof.

Vom Hauptbahnhof Straßenbahn 5 bis zur Station Süd, weiter mit dem Zug bis zum Flughafen.

Passagier- und Reservierungsbüros:

KLM	43 42 42	von 7.00–23.00
Lufthansa	26 35 11	
Swissair	22 83 38	

Weitere Auskünfte sind erhältlich unter der Rufnummer 5 11 04 32.

Taxis

Taxis kann man telefonisch bestellen (77 77 77) oder auf einem Halteplatz für Taxis finden. Es ist schwer, ein fahrendes Taxi anzuhalten. Der Preis versteht sich **einschließlich** Trinkgeld, und das Gepäck wird **nicht** extra berechnet. Dem Taxichauffeur ist es jedoch sehr willkommen, wenn der Fahrpreis nach oben abgerundet wird.
Taxistände, die Sie direkt anwählen können:

Hauptbahnhof	26 61 03	Rembrandtsplein	26 61 06
Dam	26 61 04	Frederiksplein	26 61 00
Leidseplein	26 61 01	Westermarkt	26 61 02
Spui	26 61 05	Concertgebouw	72 90 99

Parks

Amsterdamse Bos

Das Amsterdamer Wäldchen mit einer Größe von 900 ha wurde in den Krisenjahren nach 1930 zur Arbeitsbeschaffung angelegt. Erholungsstätte mit vielen Möglichkeiten der Freizeitgestaltung:
Ruderbahn (2 200 m lang und 92 m breit), Kahnvermietung, große und kleine Teiche, Spielwiesen, Sportfelder, Trimmbahn, Manegen, Freilufttheater, Camping, Cafés und Restaurants.

Vondelpark

Benannt nach dem Lokalpoeten Joost van den Vondel (1587 bis 1679). Größter Stadtpark von Amsterdam. Der Haupteingang ist beim Leidseplein.
Midget-Golf, Tennisplätze, Spielgarten und -wiesen, Teehaus, Freilufttheater und ein Rosarium.
In den Sommermonaten Juni, Juli und August finden im Freiluft-Theater im Vondelpark verschiedene Aktivitäten statt. Auskünfte erteilt: VVV, Ruf 26 64 44, Abteilung Theater (10.00–16.00 geöffnet).

Sarphatipark

Kleiner Lokalpark, 4 ha (1885) an der Ceintuurbaan. Liegt mitten in dem Wohnviertel ›de Pijp‹ hinter dem größten Tagesmarkt der Stadt in der Albert Cuypstraat.

Oosterpark

Lokalpark im Osten. Der älteste große Park der Stadt, in dem die Bewohner dieses Stadtviertels mit Kindern und Hunden spazierengehen.

Beatrixpark

Park mit vielen Nadelbäumen in dem neuen südlichen Stadtviertel, das an die Ausstellungsgelände des RAI grenzt. 1938 angelegt (7 ha).

Amstelpark

Großer reizvoller Park auf dem Gelände der ehemaligen Ausstellung ›Floriade‹. Dadurch einzigartige Sammlung von Bäumen, Pflanzen und Blumen. Prächtige Lage an den Amstelufern im Süden der Stadt.

Flevopark Zeeburgerdijk 230
Großer Park von 23 ha im Osten der Stadt bei der Schellingwouderbrug. Große Spielwiesen für Kinder, Trimmbahnen für Erwachsene, Vogelreservat, ›Pannekoekhuisje‹ (wo man Eierkuchen essen kann), Freibad und Jachthafen.

Rembrandtpark Neues Erholungsgebiet für die großen Stadtviertel im Westen und Neuen Westen.

Vliegenbos Amsterdam-Nord, Meeuwenlaan 138 **(siehe Campingplätze).**

1982 wird im Süd-Ost-Teil wieder eine internationale Gartenschau veranstaltet. Vom 8. April bis 10. Oktober 82.
Information: **Floriade '82.** Provincialeweg 24, 1108 AB Amsterdam, Ruf 96 68 58.

Polizei

Polizeipräsidium

Elandsgracht 117 5 59 91 11 Tag/Nacht
Notruf 22 22 22 Tag/Nacht

Post

Hauptpost

Nieuwezijds Voorburgwal 182 (hinter dem Königlichen Palast), **Ruf 21 15 15.** Mo.–Fr. 8.30–18.00, Do. 8.30–20.30, Sa. 9.00–12.00
Tag und Nacht: Annahme von Eilsachen und Telegrammen Hauptpost, Eingang Spuistraat!

Reisevorbereitungen – Besucherinformationen

In unseren praktischen Hinweisen finden Sie Adressen, Telefonnummern, Preise und Öffnungszeiten verschiedener preiswerter Hotels, Restaurants aller Preisklassen, der nettesten Diskotheken und beliebtesten Jazzclubs. Über 40 Museen und viele Kunstgalerien laden zum Besuch ein. Wo findet was statt? Theater, Konzerte, Filmvorführungen. Eine Übersicht der verschiedenen Sportmöglichkeiten finden Sie ebenso wie Hinweise auf lohnende Ausflüge rund um Amsterdam.

Und dann gibt es so vieles zu kaufen und zu sehen. Bummeln Sie über die Kalverstraat, Hollands bekannteste Geschäftsstraße oder besuchen Sie den großen Markt an der Albert Cuypstraat. Boutiquen und kleine Läden voller Kuriositäten finden Sie in den Gassen zwischen den Grachten, und Antiquitätengeschäfte gibts nicht nur in der Nieuwe Spiegelstraat.

Entdecken Sie diese lebendige Stadt und wundern Sie sich nicht, wenn dieses oder jenes nette Lädchen, das Sie auf Ihren Spaziergängen ausfindig gemacht haben, in unseren Hinweisen nicht genannt ist: Wahrscheinlich wurde es gerade erst eröffnet. Andererseits kann ein von uns aufgeführtes Geschäft auch geschlossen sein. Dann tut es uns leid, wenn Sie vergeblich danach gesucht haben. Die von uns angegebenen Preise sind natürlich unverbindlich, sie dienen lediglich der Orientierungshilfe. Genauso ist es mit den Öffnungszeiten, die sich manchmal ändern. Ihren Boutiquen-Einkaufsbummel machen Sie am besten am späten Vormittag oder nachmittags, da die Besitzer gerne lange ausschlafen. Die übrigen Geschäfte sind meistens von 9.00 bis 17.30 oder

18.00 geöffnet. Warenhäuser und zahlreiche Läden sind am Montagmorgen geschlossen, während die Fischgeschäfte und Metzgereien gerade am Nachmittag schließen. Friseure (mit einigen Ausnahmen, deren Adresse Sie beim VVV erfahren), Milch- und Zigarrenläden haben am Dienstagnachmittag geschlossen, und am Mittwochnachmittag können Sie Obst und Gemüse nur in den Supermärkten oder auf dem Markt einkaufen, da die Gemüsehändler an diesem Tag ihren freien Nachmittag haben.

Ins Restaurant geht man am besten gegen 19.00. Zuhause wird zwischen 18.00 und 19.00 gegessen, und die Eßlokale richten sich danach. Es gibt allerdings immer mehr 'alternative' Restaurants, die die Küche länger offenhalten. In den Preisen ist der Service einbegriffen, aber die Gewohnheit will, daß man den Betrag nach oben abrundet. War die Bedienung besonders freundlich und das Essen ausgezeichnet, kann man natürlich etwas mehr geben.

In niederländischen Hotels wird Ihnen das im Preis einbegriffene reichhaltige Frühstück auffallen. Es besteht meistens aus einem Ei (wofür manche Hotels 1 Gulden extra berechnen), einem Korb mit verschiedenen Brotsorten, Käse und/oder Aufschnitt, Marmelade, Kaffee oder Tee und Fruchtsaft.

Möchten Sie gerne noch mehr wissen? Die Damen des Fremdenverkehrs-Vereins, VVV, Stationsplein 10, Ruf 26 64 44, beraten Sie gerne und erteilen weitere Auskünfte. Fragen, die Amsterdamer eher im allgemeinen betreffen, beantwortet Ihnen die Antwortdame der Gemeinde, Ruf 24 11 11.

Restaurants

Die in Klammern gesetzten Buchstaben hinter der Straßenangabe entsprechen der Einteilung des Stadtgebietes in die Himmelsrichtungen: (Z) = Zentrum, (N) = Nord, (O) = Ost, (S) = Süd, (W) = West.

Amsterdams Speisekarte ist vielseitig und international. Spezialitätenrestaurants aller Preisklassen, von der Haute Cuisine bis zur makrobiotischen Küche, laden zum Besuch ein. Damastrestaurants und ›Broodjeswinkel‹, chinesische und indonesische Speisehäuser, alt-holländische Kupferzeugküchen, italienische und spanische Restaurants, Heringsbuden und vegetarische Kost. Guten Appetit!

Restaurants der Spitzenklasse

In diesen Restaurants sind vorherige Tischbestellungen erwünscht!

Adresse	Öffnungszeiten	Spezialitäten
De Boerderij Korte Leidsedwarsstraat 69 (Z) Ruf 23 69 29	12.00–14.00 18.00–22.00 Samstags 18.00–22.00 Sonntags und an allen Festtagen geschlossen	Seezunge mit Lachs in weißer Weinsauce / Kalbsschnitzel duxelles/Garnelenspezialitäten

Dikker en Thijs Prinsengracht 444 (Z) Ruf 26 77 21	19.00–22.00 Sonntags geschlossen	Tournedos au poivre vert / Hummersuppe
Exelsior (Hotel de l'Europe) Nieuwe Doelenstraat 2–4 (Z) Ruf 23 48 36	12.00–14.30 19.00–21.30	In Chablis gekochte Forelle / Tournedos Exelsior / Hummer-Ragout
de Gravenmolen Lijnbaansteeg 5–7 (Z) Ruf 22 36 41	12.00–14.30 18.00–22.00 Sonntags geschlossen	Terrine de riz de veau au pistache / Homard façon du chef
De Oesterbar Leidseplein 10 (Z) Ruf 26 34 63	12.00–1.00	Austern / Viele Fischgerichte
L'Enfant terrible Brouwersgracht 60 (Z) Ruf 25 33 16	19.00–22.00	Französische Küche
't Schwarte Schaep Korte Leidsedwarsstraat 24 (Z) Ruf 22 30 21	12.00–15.00 18.00–23.00	Stroganoff
d' Vijff Vlieghen Spuistraat 294–302 (Z) Ruf 24 83 69	17.00–24.00	Marinierter Heringscocktail
Les quatre Canetons Prinsengracht 1111 (Z) Ruf 24 63 07	12.00–14.30 18.00–23.00 Sonntags geschlossen	Hummer, Forelle, Wild, gute Weine

Restaurants der Mittelklasse

* Reservierungen erwünscht

Adresse	Öffnungszeiten	Spezialitäten
Claes Claesz* Egelantiersstraat 24–36 (Z) (Jordaan) Ruf 25 53 06	18.00–23.00 Dienstags geschlossen	Nouvelle cuisine
Dorrius* N. Z. Voorburgwal 336–342 (Z) Ruf 23 52 45	12.00–22.00 Sonntags geschlossen	Altholländische Speisen
Gijsbrecht van Amstel Herengracht 435 (Z) Ruf 23 53 30	10.00–22.00 Sonntags geschlossen	Fisch-Spezialitäten

De Groene Lanteerne* Haarlemmerstraat 43 (Z) Ruf 24 19 52	17.00–22.00 Mittwochs bis freitags 12.00–14.30 Montags und dienstags geschlossen	Französische Küche
Hans en Grietje* Spiegelgracht 27 (Z) Nähe Rijksmuseum Ruf 24 67 82	12.00–23.00	Spezielle Tagesmenüs Außerdem ein Café mit großer Bar, wo man auch essen kann.
La Belle Epoque Leidseplein 14 (Z) Ruf 23 83 61	17.00–24.00 Reservieren!	Französische Küche Viele Spezialitäten
Le Consulat de l'Amitié Rozengracht 63 Ruf 24 85 51	18.00–22.00 Dienstags geschlossen	Französische Küche
Piet de Leeuw Noorderstraat 11 (Z) Ruf 23 71 81	12.00–23.30 Sonntags geschlossen bis 17.00	Typisches Amsterdamer 'Café', wo die Billardspieler abends den Liebhabern großer Beefsteaks und von Seezunge Platz machen müssen.
Le Musicien Amstel 100 Ruf 22 89 45	17.00–22.00 Mittwochs geschlossen Im Sommer 3 Wochen geschlossen	Französische Küche
Miranda Paviljoen* Amsteldijk 223 (S) Ruf 44 57 68	12.00–15.00 17.00–24.00 Reservieren!	Terrasse im Sommer
Die Port van Cleve N. Z. Voorburgwal 178 (Z) Ruf 24 00 47	12.00–22.00	Beefsteak 'Amsterdam'. Die Beefsteaks sind numeriert.
't Prinsengat Prinsengracht 604 (Z) Ruf 25 13 40	18.00–23.00 Montags geschlossen	Überwiegend Französische Küche
Lucius Spuistraat 247 Ruf 24 18 31	17.00–23.00 Mo. u. Di. geschl. Reservieren!	Guter, frischer Fisch
De Silveren Spiegel* Kattegat 4–6 (Z) Ruf 24 65 89	18.00–22.00 Sonntags geschlossen	Ältestes Restaurant von Amsterdam (seit 1614)

Sluizer Utrechtsestraat 41 (Z) Ruf 22 63 76	12.00–22.00 Sa. u. So. 17.00–22.00	Gutes, nicht zu teures Restaurant, das verstärkt zum Treffpunkt von Filmleuten wird.
Sluizer-Fischrestaurant Utrechtsestraat 45 (Z) Ruf 26 35 57	17.00–23.00	
Valentijn Kloveniersburgwal 6–8 (Z) Ruf 24 20 28	Mo.–Sa. 18.00–24.00 Di.–Fr. auch 12.00–14.30	Gute, nicht sehr billige Küche. Französisch. Nette Leute

Preiswerte Restaurants

Adresse	**Öffnungszeiten**	**Besonderheiten**
Akhnaton Eethuisje Nieuwe Zijdskolk 25 (Z) Ruf 24 33 96	18.00–19.00 Montags geschlossen	Ein Menü pro Tag
Cantharel Kerkstraat 377 (Z) an der Utrechtsestraat Ruf 26 64 00	17.00–21.00 Sonntags geschlossen	
Carré-kelder Amstel 133 (Z) Ruf 25 10 71	17.00–21.30 Sonntags geschlossen	
Restauratie Centraal Station Stationsplein 13 im Hauptbahnhof (Z) Ruf 22 21 28	12.00–21.00	
Egg Cream St. Jacobsstraat 19 Gasse am Nieuwendijk (Z) Ruf 23 05 75	11.00–19.30 Montags geschlossen	u. a. ein vegetarisches Menü
Honed's Bakhuisje Kerkstraat 39 (Z) Nähe Leidsestraat Ruf 23 76 11	12.00–15.00 17.00–21.00 Sonntags geschlossen	
Julia Amstelveenseweg 160 (S) Ruf 79 53 94	17.00–22.00 Mo. u. Di. geschl.	Fischspeisen
De Keuken van 1870 Spuistraat 4 (Z) Ruf 24 89 65	12.00–19.00 Sa. und So. geschlossen	Ursprünglich die Amsterdamer Garküche.

De Lantaarn 2de Constantijn Huygensstraat 64 (W) Ruf 18 39 40	10.00–23.00 Sonntags geschlossen April-Oktober	
Leto Haarlemmerdijk 114 (Z) Ruf 26 56 95	17.00–21.00	Tagesmenü
Markus O. Z. Voorburgwal 250 (Z) Ruf 26 42 38	12.00–14.00 17.00–22.00 Sonntags und montags geschlossen	
Moeders Pot Vinkenstraat 119 Ruf 23 76 43	17.00–21.00	Hollands Menü

Das ›TOURIST MENU‹

Holländer denken preisbewußt und bevorzugen daher in einer fremden Stadt das speziell empfohlene ›Tourist Menu‹.

Hierbei handelt es sich um einen schon seit Jahren bestehenden gastronomischen Markenbegriff. Ein solches Essen wird in fast 600 ausgewählten Gaststätten im Land serviert und kostet einheitlich Hfl. 14,25 (Preis 1981) alles inklusive. Das ›Tourist Menu‹ besteht aus drei Gängen. Alle Restaurants, die dieses Gedeck für Sie bereithalten, sind an dem Schild ›Tourist Menu‹ zu erkennen. Viele Gaststätten servieren Kindergedecke.

Das ›Tourist Menu‹ wird in Amsterdam serviert in:

Americain Hotel, Leidsekade 97, Ruf 23 48 13
Artis Rest., Plantage Middenlaan 43, Ruf 22 60 87
Belfort Hotel, Surinameplein 53, Ruf 17 43 33
Centraal Hotel/C.R. Travellers Grill, Stadhouderskade 7–9, Ruf 18 57 65
H. R. Damrak, Damrak 49, Ruf 26 24 98
Euromotel Schiphol, Oude Haagseweg 20, Ruf 17 90 05
Rest. The Garden, Damrak 15, Ruf 24 03 54
C. R. Heineken Hoek, Kleine Gartmanplantsoen 1–3, Ruf 23 07 00
International Food Centre Kabab House, Geldersekade 23, Ruf 26 66 62
Chin.-Ind. Rest. Ling Nam, Binnen Bantammerstraat 3, Ruf 26 65 79
Museum Hotel, P. C. Hooftstraat 2, Ruf 71 21 03
Rest. The Old Ship, O. Z. Voorburgwal 246, Ruf 24 59 73
Rest. Oud-Holland, Nwe. Zijds Voorburgwal 105, Ruf 24 68 48
Rest. De Roode Leeuw, Damrak 93–94, Ruf 24 96 83
Rest. Sherrycan/Coffeecan, Spui 30, Ruf 23 22 73
Sonesta Hotel, Kattengat 1, Ruf 21 22 23
Stationsrestauratie, Centraal Station, Ruf 22 21 28
Rest. De Vergulde Lantaarn, Nieuwendijk 145, Ruf 24 54 13
Petit-Rest. Welcome, Prinsengracht 332, Ruf 22 36 28
Rest. Wienerwald, Kalverstraat 180, Ruf 23 76 93
Rest. Wienerwald, Kleine Gartmanplantsoen 5, Ruf 23 16 85
Rest. Wimpy, Nieuwendijk 121, Ruf 24 34 74

Koch- und Backrezepte

Die ausgesprochen holländischen Gerichte sind Winterkost. Wir sind ein Volk von Kartoffelessern und bereiten die Kartoffel auf alle möglichen Arten zu. Seit den letzten Jahrzehnten ist die ›patat frites‹ (pommes frites) sehr beliebt, aber auch Bratkartoffeln und gekochte Kartoffeln gehören zu den üblichen Beilagen. Im Winter werden Kartoffeln mit Gemüse, z. B. Sauerkraut, Endivien oder ›Boerenkool‹ (Krauskohl) zum sogenannten **Stamppot** verarbeitet. Kartoffeln, Mohrrüben und Zwiebeln ergeben, durcheinander gemengt und gestampft, den sogenannten **Hutspot** (natürlich mit Fett bereitet und durch eine Fleischbeilage schmackhaft gemacht).

Die bekannteste holländische Kost ist aber die **Erbsensuppe.** Hier folgt das spezielle Rezept der Verfasserin.

Erbsensuppe (für mindestens 4 Personen)
1 Schweinshaxe von etwa 500 Gramm
300 Gramm sog. Splitterbsen
500 Gramm Porree
eine kleine Sellerieknolle
etwas grüne Sellerie
eine kleine Wintermöhre
Brühwürfel, Salz
etwa 2 Liter Wasser

Ziehe eine Brühe aus der Schweinshaxe, dem Wasser und einer Tasse voll grob geschnittenen Gemüses (Porree, Sellerie und Möhre), und zwar mindestens anderthalb Stunden lang. Man gieße die Brühe durch ein Sieb und koche in ihr die Erbsen, bis sie beinahe gar sind. Dann füge man die nicht allzu fein geschnittenen Gemüsesorten und Brühwürfel oder Salz je nach Geschmack hinzu. Man lasse alles noch eine Viertelstunde kochen, bis es gar und die Suppe gebunden ist. Unterdessen entferne man das Fleisch von der Haxe – aber keinesfalls mit Fett und Haut – und mische es in kleinen Würfeln durch die Suppe. Beim Servieren lege man noch in jeden Teller einige Scheiben aufgewärmter ›Gelderser‹ Rauchwurst. Man ißt zu dieser Suppe dunkles Roggenbrot, das mit dünnen Scheiben geräucherten Specks belegt ist.

Für Süßmäuler folgt hier das Rezept eines stark gewürzten Kuchens, der überall in den Niederlanden gegessen wird, sobald das Fest von Sinterklaas naht. Man feiert dieses Kinderfest am 5. Dezember, dem Geburtstag des guten Heiligen, und dann gehört es zu den Gewohnheiten, warme Schokoladenmilch zu trinken und **Speculaas** zu essen.

Speculaas (Spekulatius)
200 Gramm Mehl (mit Backpulver)
150 Gramm Butter
150 Gramm Rohzucker (braun)
eine Prise Salz
ein Eßlöffel Milch
10 Gramm Spekulatius-Gewürze
50 Gramm feingehackte, geschälte Mandeln

Menge die harte Butter unter das Mehl, füge Zucker, Salz, Milch, Gewürze und Mandeln hinzu. Man knete den Teig und lasse ihn an einem kühlen Ort in Aluminiumpapier gewickelt ruhen, am besten eine Nacht lang. Man bestäubt ein Spekulatius-Brett (erhältlich im Bijenkorf, ›Studio Bazar‹ und den besseren Haushaltsgeschäften oder sehr kostspielig bei Antiquaren) mit etwas Reismehl, presse den Teig in die Formen, streiche ihn glatt und lasse den Spekulatius aus den Formen auf einen mit Mehl bestrichenen Tisch fallen. Nun lege man die Teigstücke auf ein eingefettetes Backblech und lasse sie in einem angewärmten, mäßig warmen Ofen zwanzig Minuten lang braun backen.

Chinesische und indonesische Küche

In Amsterdam gibt es mehr als 100 chinesische Restaurants. Eine Auswahl daraus zu treffen, kann immer nur sehr subjektiv sein. Sie finden die meisten Restaurants in der Nähe des Nieuwmarkt (Waaggebouw), und hauptsächlich die Binnen Bantammerstraat ist wegen der großen Anzahl chinesischer Speisehäuser bekannt. Auch der Zeedijk hat einige gute Restaurants. Die meisten 'Chinesen' haben eine chinesisch-indonesische Küche. Das kommt natürlich daher, daß Holland früher enge Beziehungen zum Gebiet des heutigen Indonesien hatte. Die Restaurants, die wir hier nennen, sind jedoch alle (außer Tong-Ah) echte 'Chinesen'.

Chinesische Küche

Adresse	Öffnungszeiten	Spezialitäten
China Rokin 20 (Z) Ruf 26 35 64	12.00–24.00	
China Corner Damstraat 1 Ruf 22 88 16	12.00–24.00	Aussicht über den Dam
Fong Lie P. C. Hooftstraat 80 (S) Ruf 71 64 04	12.00–24.00 So. 17.00–22.00 Montags und die 3 letzten Wochen im Juli geschlossen	Gut und schmackhaft, aber nicht billig.
Gouden Olifant Prins Hendrikkade 106 (Z) Ruf 25 54 82	11.00–24.00	Sehr gute, echte chinesische Küche, nicht teuer für diese Qualität!
Lotus Binnen Bantammerstraat 5 (Z) Ruf 24 26 14	12.00–24.00	Nicht zu teuer, sehr gut, und man kann sehen, wie es in der Küche zugeht.
Lai Sing Zeedijk 87 (Z) Ruf 24 19 06	12.00–1.00	Kantonesische Küche. 200 Gerichte. Moy Kong Suppe.

Peking Herengracht 515 (Z) Ruf 24 36 27	12.00–22.00	Eine der vornehmsten chinesischen Küchen der Stadt.
Shanghai-Corner van Baerlestraat 86 (S) Nähe des Museums Ruf 76 12 66	12.00–23.00	
China-Garden Marnixstraat 382 (Z) Ruf 22 69 51	12.00–22.30	Amsterdamer Feinschmecker lassen sich von hier ihr Essen nach Hause bringen.
Tong-Ah Korte Leidsedwarsstraat 119 (Z) beim Leidseplein Ruf 23 48 29	12.00–24.00	Populäres Restaurant der niedrigen Preise und der guten Qualität wegen.
De Oriënt v. Baerlestraat 21 Ruf 73 49 58	17.00–21.30	3 Kindermenüs

Nichts für Eilige

Für Augen und Gaumen ein Erlebnis, die indonesische Reistafel. Zum trockenen, körnig gekochten Reis werden 20 bis 30 verschiedene Gerichte serviert. Fleischhäppchen in pikanten Saucen, Eierspeisen, allerlei Gemüse, herzhafte Salate, Krabben, gebackene Bananen, Fruchtsalate und vieles mehr. Dazu trinkt man Tee oder kühles Bier, ein ebenso angenehmes wie unbedingt notwendiges Mittel gegen die atemberaubend scharfen Sambal-Gewürze, die zur Reistafel gehören.

Indonesische Küche

Adresse	Öffnungszeiten	Spezialitäten
Bali Leidsestraat 89–97 (Z) Ruf 22 78 78 Reservierung erwünscht	12.00–23.00 So. u. Mo. geschl.	Berühmt für seine Reistafel mit 22 Gerichten.
Djawa Korte Leidsedwardsstraat 18 (Z) Ruf 24 60 16	12.00–23.00 So. geschl.	Indonesische Reistafel
Djokja Ferdinand Bolstraat 13 (S) Ruf 71 62 69	12.00–23.00	Reistafel und andere indonesische Spezialitäten. Preiswert.

Indonesia Singel 550 (Z) am Muntplein Ruf 23 17 58 Reservierung erwünscht	12.00–22.00	Indonesische Reistafel
Indrapoera Rembrandtsplein 40–42 (Z) Ruf 24 90 78	12.00–22.00	Indonesische Reistafel
Sama Sebo P. C. Hooftstraat 27 (S) am Vondelpark Ruf 72 81 46	12.00–14.00 17.30–22.00 Im Sommer 2 Wochen geschlossen	
Sukasari Damstraat 26 (Z) Ruf 24 00 92	11.00–22.00	Gutes indonesisches Essen für wenig Geld.
Madoera Reguliersdwarsstr. 86 Ruf 24 14 00	12.00–14.00 17.00–22.00 Mo. geschlossen	Sehr scharf, aber echt indonesisch
Speciaal Nieuwe Leliestraat 89 (Z) Ruf 24 97 06	12.00–22.00	Für Kenner eine echte indonesische Küche

Ausländische Spezialitätenrestaurants

	Öffnungszeiten	Spezialitäten
Englisch		
O'Henry's Rokin 89 (Z) Ruf 25 14 98	12.00–14.30 18.00–22.30	
Ägyptisch		
De Pyramiden Rozengracht 51 (Z) Ruf 22 66 05	Di.–So. 17.00–24.00 Montags geschlossen	Jeden Tag anderes Menu. Ägyptische Spezialitäten.
Ungarisch		
Little Hungary Utrechtsedwarsstraat 85 (Z) Ruf 22 83 89	12.00–15.00 18.00–22.00 Mittwochs geschlossen	
Budapest Taverne Oudezijds Voorburgwal 42 Ruf 23 72 93		

Dänisch

Kopenhagen Rokin 84 (Z) Ruf 24 93 76	12.00–15.00 17.00–22.30 Sonntags geschlossen	

Norwegisch

Norway Inn Kalverstraat 65–69 Ruf 26 23 26	12.00–21.00 Sonntags geschlossen	

Französisch

Bistro la Forge Korte Leidsedwarsstraat 26 (Z) Ruf 24 00 95 Reservierung erwünscht	17.00–24.00 Sonntags geschlossen	Ausgezeichnete Küche
Bistro Klein Paardenburg Amstelzijde 59 Ouderkerk Ruf 0 29 63 / 13 35 Reservierung erwünscht	12.00–14.00 18.00–21.30 Sonntags und montags geschlossen	Kleines stimmungsvolles Restaurant; phantasiereiche Küche. Ländliche Lage, 15 km von Amsterdam.
Cartouche Anjeliersstraat 177 (Z) Ruf 22 74 38	Di.–So. 18.00–22.30 Mo. und Monat Juni und 25. Dez. bis 1. Jan. geschlossen	Jede 6. Woche wechselnde Karte
Le Piaf Handboogstraat 19 (zwischen Spui und Heiligeweg) Ruf 22 62 66	17.00–24.00 Dienstags geschlossen	
Pied de Cochon Noorderstraat 19–23 (Z) Ruf 23 76 77 Reservierung erwünscht	17.00–24.00	Gefüllte Schweinshaxen; Gambas à la plancha.
Bistro le Provençale Weteringschans 91 (Z) Ruf 23 96 19 Reservierung erwünscht	12.00–15.00 17.00–22.00 Samstags 17.00–22.00 So. u. Mo. geschlossen	Die Tische sind etwas klein, das Essen aber besonders schmackhaft.

Sancerre Reestraat 28–32 (Z) Ruf 27 87 94	Jeden Tag 12.00–14.00 17.00–22.30 Ostern, Pflingsten, Weihnachten geschlossen	Auch ein vegetarisches Menu. Gute Küche.
Tout Court Runstraat 17 D Ruf 25 86 37	Di.–So. 18.00–24.00 Im Sommer 4 Wochen geschlossen Reservieren!	Zweimal pro Woche wechselnde Karte. Inhaber ist der bekannte Koch John Fagel

Griechisch

Acropolis Leidsekruisstraat 4 (Z) Ruf 22 70 14	17.00–24.00	
Iskeçe Frederiksplein 29 (Z) Ruf 22 44 00	17.00–23.00 Montags geschlossen	Gerichte vom Holzkohlengrill. Freundlicher Wirt, der Sie erst probieren läßt, bevor Sie bestellen.
Plaka Egelantierstraat 124 (Z) Ruf 37 93 38	17.00–24.00 Dienstags geschlossen	Jeden Abend griechische Tanzmusik.
Griechenland Prins Hendrikkade 13 (Z) (gegenüber Zentral-Bahnhof) Ruf 37 68 40	17.00–24.00	Mit Musik.

Italienisch

Mira Fiori Hobbemastraat 2 (S) am Vondelpark Ruf 72 30 13	12.00–15.00 17.00–22.00 Im Sommer 2 Wochen geschlossen	
La Pergola Amstel 20 (Z) Ruf 23 56 98	12.00–23.00 Mittwochs geschlossen	Ältestes italienisches Restaurant von Amsterdam
Porto Ercole Leidsekruisstraat 11 (Z) Ruf 23 39 30	12.00–14.00 17.00–24.00 Sonntags 17.00–24.00	Pizzas

Al baffo d'oro
Warmoesstraat 64 (Z)
Ruf 24 14 09

Indisch

Tandoor Leidseplein 19 (Z) Ruf 23 44 15 Reservierung erwünscht	12.00–14.00 17.00–23.00 Montags geschlossen	Tandoori Murgh
Kebab House Geldersekade 23 (Z) Ruf 26 66 62	18.00–23.00	Indisch-Pakistanisch.
Maharadja Overtoom 146 (W) Ruf 83 27 65	17.00–22.00	Vegetarische Menüs
Mayur Korte Leidsedwarsstraat 203 (Z) Ruf 23 21 42	12.00–15.00 17.00–23.00	
Sheesh Mahal Hartenstraat 17 (Z) Ruf 26 96 07	12.00–14.30 17.00–23.00	Gute »curries«
Guru of India Lange Leidsedwarsstraat 56 Ruf 24 69 66	12.00–15.00 17.30–23.30	Tandoories, Vegetarisch, Fisch

Israelisch

Swart Willemsparkweg 87 Ruf 76 07 00	17.30–22.30 Montags geschlossen	
Beit Hamazon Anjelierstraat 57 (Z) Ruf 27 42 55		Vegetarisch

Japanisch

Teppan Yaki Okura Hotel Ferdinand Bolstraat 175 Ruf 78 71 11	12.00–15.00 18.30–22.00	
Kyo Jan Luykenstraat 2 a (S) Ruf 71 69 16	18.00–23.00 Sonntags geschlossen (auch 1. Januar)	Offene Küche mit einer Eß- und Trinkbar; reichhaltige Speisekarte; man kann zwischen japanischem und europäischem Essen wählen.

Toga
Weteringschans 128 (Z) — 12.00–14.30
Ruf 22 68 29 — 18.00–22.00
Reservieren

Jugoslawisch

Aleksandar
Ceintuurbaan 196 (S) — 17.00–22.00
Ruf 76 63 84

Opatya
Weteringschans 93 — 17.00–22.00
Ruf 22 51 84
Reservierung erwünscht

Vladimir
Amsteldijk 41 (S) — 17.00–22.00
Ruf 71 43 13

Spanisch

La Cacerola
Weteringstraat 41 (Z) — 18.00–23.00 — Sehr gute Paella. Nicht billig.
Ruf 26 53 97 — Sonntags geschlossen
Reservierung erwünscht

España
Zeedijk 56–58 (Z) — 17.00–24.00
Ruf 23 96 73

Iberia
Kadijksplein 16 (Z) — 17.30–23.00
Ruf 23 63 13

La Marina
Kloveniersburgwal 5 (Z) — 17.30–23.00
Ruf 22 20 40

Granada
Leidsekruisstraat 13 — 17.30–23.00
Ruf 25 10 73 — Dienstags geschlossen

Tarragona
Ceintuurbaan 121 (S) — 17.00–23.00
Ruf 71 91 99 — Montags geschlossen

La Primavera
Peperstraat 23–25 (Z) — 17.30–23.00 — Fisch, Lammfleisch.
Ruf 23 12 55 — Dienstags geschlossen

Neptuno Schippersgracht 6 (Z) Ruf 26 54 07	17.00–23.00	

Türkisch

Sjeik Achmed Utrechtsestraat 99 Ruf 25 60 49 Reservierung erwünscht	17.00–22.30	
Türkiye N. Z. Voorburgwal 169 (Z) Ruf 22 99 19	12.00–24.00	Gegrilltes Lammfleisch; türkische Musik und Bauchtänzerinnen.
Sultan Ahmet Haarlemmerdijk 176 Ruf 24 83 58	17.00–23.00	

Südamerikanisch-Argentinisch

Los Gauchos Geelvincksteeg 6 (Z) (beim Blumenmarkt) Ruf 26 59 77	12.00–15.00 17.00–24.00 Sonntags	Argentinisches Fleisch auf Holzkohle gegrillt.
Korte Leidsedwarsstraat 45 Ruf 23 96 32	17.00–24.00	

Mexikanisch

Rose's Cantina Reguliersdwarsstraat 38 Ruf 25 97 97		
Bolivia Waterlooplein 107 (Z) Ruf 25 63 08	17.00–22.00 Montags geschlossen	Original bolivianische Küche. Ein kleines, billiges Lokal.

Makrobiotische und/oder vegetarische Restaurants

Adresse	Öffnungszeiten	Spezialitäten
Buddha's Belly Rozenstraat 145 (Z) (Jordaan) Ruf 23 80 60	18.00–22.00 Montags geschlossen Im Winter 1 Monat geschlossen	Indische Spezialitäten

Egg Cream St. Jacobsstraat 19 (Z) Ruf 23 05 75	11.00–19.30 Montags geschlossen	Honest food, vegetarische Mahlzeiten, Musik
Floreat Overtoom 502 (W) Ruf 18 91 29	17.00–20.30 Sa. u. So. geschl. Im Sommer 1 Monat geschl.	Holländische vegetarische Gerichte, gute Qualität
De Oase Achtergracht 17–19 (Z) Ruf 26 59 67		Auch ein Geschäft zum Einkauf makrobiotischer Sachen
Kosmos Prins Hendrikkade 142 (Z) Ruf 26 74 77	Küche geöffnet von 12.00–21.00 Sonntags geschlossen	Jugendtreffpunkt
The Golden Temple Leidsestraat 54 Ruf 24 22 53	12.00–15.00 17.00–21.00 Sonntags geschlossen	Vegetarische Gerichte aus Italien, Mexiko, China, Indien
Mother's Milk Korte Koningsstraat 10 (Z) Ruf 22 01 08	18.00–21.00 Mo. geschlossen	Makrobiotisch-vegetarisch
't Kombuys, Bistro Hogeweg 15 (S) Ruf 65 28 23	17.30–23.00 Mo. und So. geschlossen	

Käse- und Weinrestaurants

Adresse	Öffnungszeiten	Spezialitäten
Abraham Kef Marnixstraat 192 (Z) Ruf 26 22 10	9.00–17.00 Sonntags und montags geschlossen	Eigentlich Käseladen mit der größten Auswahl an französischem Käse in Amsterdam. Kaufen oder an Ort und Stelle essen.

Nachtrestaurants

Nachtrestaurant '66 Reguliersgracht 26 (Z) Ruf 24 09 47	22.00–4.00 Dienstags geschlossen	

Bonsoir Leidsekruisstraat 12 (Z) Ruf 24 20 61	22.00–5.00	
Boio Lange Leidsedwarsstraat 51 (Z) Ruf 22 74 34	17.00–6.00	Indonesische Küche.
Papillon Stadhouderskade 61 (Z) Ruf 64 13 23	22.00–5.00	

Snack-Bars und ›Broodjeswinkels‹

Überall in der Stadt gibt es Snack-Bars, wo man gut, schnell und preiswert warme oder kalte Gerichte bekommt. Eine holländische 'Spezialität' aber sind die ›Broodjeswinkels‹, die 'Belegte-Brötchen-Läden'. Hier gibt's belegte Brötchen in allen Variationen: mit Käse, Schinken, Wurst, Leber, Fleisch, Frikadellen, Fisch usw. von ausgezeichneter Qualität, zwischen 1.50 und 3 Gulden.
Die meisten ›Broodjeswinkels‹ und Snack-Bars sind von 9.00–1.00 geöffnet. Die hier aufgeführten befinden sich alle im Zentrum.

›Broodjeswinkels‹

Broodje van Kootje	Rembrandtsplein 12 Reguliersbreestraat 24 Spui 28 Leidseplein 22
van Dobben	Korte Reguliersdwarsstraat 5/9
Plein 24	Leidseplein 24
Steeg 14	Oudebrugsteeg 14 Geöffnet von 20.00–3.00. Freitags und samstags bis 4.00.
Sal Meijer **Jüdische Küche**	Nieuwmarkt 13 Mo.–Do.: 9.00–17.30. Fr.: 9.00–13.30 Samstag und Sonntag geschlossen.

Schwimmbäder

Städtische Einrichtungen, wo man billig baden oder duschen kann.

	Zu erreichen mit der Straßenbahn
da Costakade 200 (W)	17
Marnixplein 5–9 (Jordaan)	3
Zocherstraat 52 (W) (am westlichen Eingang des Vondelparks)	1
Diamantstraat 60 (S)	4
Van Houweningenstraat 60 (W)	3

Sightseeing und Touren

Grachten-Rundfahrten

Die schönste und zugleich angenehmste Art der Altstadtbesichtigung ist eine Bootsrundfahrt durch den Grachtenbezirk Alt-Amsterdams. Hierfür stehen rund 60 überdachte Motorboote zur Verfügung. Die Rundfahrten dauern 1¼ Stunden, kosten überall dasselbe und können an verschiedenen Stellen der Stadt begonnen oder beendet werden. Die meisten Bootsstationen liegen gegenüber dem Hauptbahnhof. Die Abfahrtszeiten sind nicht fest geregelt: Im Winter von 10.00–17.00 jede Stunde; im Sommer halbstündlich von 9.30–21.30. Während der Fahrt wird in vier Sprachen auf die Sehenswürdigkeiten an den Ufern der Grachten hingewiesen.

Bootsstationen: Holland International, gegenüber dem Hauptbahnhof, Ruf 22 77 88
Kooy, Rokin am Spui, Ruf 23 38 10
Meijer, Damrak, Ruf 23 42 08
Plas, Damrak, Ruf 24 54 06
Noord-Zuid, Stadhouderskade 25 beim Park-Hotel, Ruf 79 13 70. (Ist teurer und dauert länger.)
Lovers, Prins Hendrikkade, gegenüber Nr. 25–27 (Z), Ruf 25 93 23

Amsterdam bei Kerzenlicht

Abendfahrt durch die Grachten auf einem von Kerzen erleuchteten Boot. Musik, Wein und Käse. Von Anfang April bis Oktober.
Die Grachten und Brücken sind von Mitte Juni bis Mitte September angestrahlt.
Täglich (Sommerzeit) um 21.00. Dauer: 2 Stunden; Preis: 32,50 Gulden.
Holland International, gegenüber dem Hauptbahnhof
Kooy, Rokin am Spui, Ruf 23 38 10
Lovers, Prins Hendrikkade Plas Damrak

Kombinierte Bus- und Bootsfahrt

Täglich um 9.30 und 14.00
Dauer 3½ Stunden
Holland International, gegenüber dem Hauptbahnhof, Damrak 7
(Der Besuch eines Museums und des Anne-Frank-Hauses sind inbegriffen).
Lindbergh, Damrak 26
Key Tours, Dam 19

Stadtrundfahrt mit dem Bus

Mit dem Autobus 2½ Stunden lang durch Alt- und Neu-Amsterdam. Besuch des Rijksmuseums und einer Diamantschleiferei sind inbegriffen.
Täglich um 10.00 und 14.30.

Lindbergh, Damrak 26
Holland International, Dam 10
Key Tours, Dam 19
(Kartenverkauf beim VVV, gegenüber dem Hauptbahnhof, Ruf 26 64 44).

Mit dem Rad durch Amsterdam

Tägliche Radtouren durch Holland veranstaltet **Ena's Bike Tour:** Abfahrt täglich um 10.00 vom Fahrraddepot am Amstelbahnhof, Ruf 0 15–14 37 97.

Spaziergang durch die Stadt

St. A. T., Alternative Tour durch Amsterdam. Ein sozialer Spaziergang durch die Stadt, wobei verschiedene Dinge wie Wohnen, Verkehr, Gesellschaft, Verwaltung und Aktionsgruppen durch persönliches Erleben veranschaulicht werden.
Speziell für Gruppen (Schulklassen u. a.).
Keine Unterhaltung, sondern intensive Beschäftigung mit Menschen und Problemen!
Informationen erteilt St. A. T., Marnixstraat 28 II, Ruf 26 59 55 / 25 44 95.

Besichtigungen

Diamantschleifereien

Seitdem im Jahre 1589 zum ersten Mal in der Geschichte Amsterdams (in einem Trauschein) ein Diamantschleifer erwähnt wurde, wohnten jahrhundertelang zahlreiche (meistens jüdische) Diamantschleifer in Amsterdam. Durch die Ausrottung der jüdischen Bevölkerung im Zweiten Weltkrieg verlor die Diamantenindustrie an Bedeutung; dennoch ist es interessant, eine Diamantschleiferei zu besuchen. Die Adressen der Diamanten bearbeitenden Betriebe erhalten Sie beim Fremdenverkehrsbüro (VVV), Amsterdam, Stationsplein 10, gegenüber dem Hauptbahnhof.

Der Königliche Palast auf dem Dam ist in den Sommermonaten dem Publikum zugänglich, die übrigen Monate nur am Mittwoch.
Finden Staatsempfänge statt oder weilt die Königin zu Besuch, ist eine Besichtigung nicht möglich.
Informationen erteilt der Portier, Ruf 24 86 98.

Brauerei

Hieneken Brouwerij, Stadhouderskade (S), Ruf 70 91 11.
Führungen finden Montag–Freitag im Sommer 9.00 und 11.00, im Winter um 10.00 statt. Der Besuch ist frei, im Sommer wird zugunsten der UNICEF 1 Gulden Eintritt erhoben.

Windmühlen

Einst Wahrzeichen der Stadt, sind sie heute fast ganz aus dem Stadtbild verschwunden. Als Sehenswürdigkeit sind einige der Mühlen erhalten geblieben.

Molen ›De Bloem‹, Haarlemmerweg 465 (W), Ruf 82 30 04.
Besichtigung nur nach telefonischer Vereinbarung möglich.

Molen ›De Admiraal‹, Noordhollandskanaaldijk 21, Buiksloot, Nord, Ruf 31 45 64.

Riekermolen, Amstel (S). Am Ende des Europa-Boulevards, am Alpha- und Crest-Hotel vorbei.

Die Stadt von oben

Eine **Turmbesteigung** ist bei folgenden Kirchen möglich:

Westerkerk	Westermarkt	1. Juni–15. September Dienstags, mittwochs, freitags und samstags von 14.00–17.00
Oudekerkstoren	Oudekerksplein	1. Juni–15. September Montags–samstags von 10.00–16.00

Sport

Informationen über alle Sportarten, Sportvereine und Sportgelände erteilt:
Amsterdamse Sportraad
Willemsparkweg 125 (S)
Ruf 71 80 02

Amsterdam ist eine begeisterte Fußballstadt. Über das Spielprogramm informieren Taxichauffeure und Hotelportiers. Fußball ist ihr Hobby; ›Ajax‹ ihr Idol.
Fußballspiele finden statt im
Ajax-Stadion, Middenweg 401 (O), Ruf 94 65 15 (Straßenbahn 9) und im
Olympischen Stadion, Stadionplein 20 (S), Ruf 71 11 15 (Straßenbahn 16 und 24).

Schwimmen

(Die Freibäder sind von Mai bis September geöffnet)

Freibäder mit **erwärmten** Wasser
Bredius-Bad, Spaarndammerdijk 306 (W), Ruf 82 91 16
Flevopark-Bad, Zeeburgerdijk 230 (O), Ruf 92 50 30
Miranda-Bad, Kennedylaan (S), Ruf 44 66 37
Jan van Galenbad, Jan van Galenstraat 315, Ruf 12 80 01

Freibad mit **nicht-erwärmtem** Wasser
Strandbad Sloterplas, Sloterplas (Neu-West), Ruf 13 37 00

Hallenbäder
Zwembad Heiligeweg, Heiligeweg 19 (Z), Ruf 23 69 35
Zuiderbad, Hobbemakade 26 (S), Ruf 72 99 28, vorläufig geschlossen
Marnixbad, Marnixplein 9 tel. 020-254 843

Sportfondsenbad, Corn. Dirkszstraat 11 (W), Ruf 18 89 11
Sportfondsenbad, Fronemanstraat 3 (O), Ruf 65 08 11
Sloterpark (50-m-Bahn mit Restaurant), Slotermeerlaan (W), Ruf 11 45 65
De Mirandabad, De Mirandalaan 9 (S), Ruf 42 80 80

Saunabäder

Viking, Nic. Maesstraat 100 (S), Ruf 79 77 46
Suomi, Kerkstraat 404 (Z), Ruf 26 37 28
Amsterdam, Amstel 82 (Z), Ruf 22 15 98

Tennis

Tennispark Frans Otten Stadion, Stadionstraat 10 (beim Olympischen Stadion), Ruf 79 01 38

Schlittschuhlaufen

Jaap Eden Baan, Radioweg 64 (Osten beim Ajax-Stadion), Ruf 94 98 94 (Kunsteisbahn, im Sommer geschlossen)

Golf

Amsterdamse Golf Club, Zwarte Laantje 4, Duivendrecht (Autobahn Amsterdam-Utrecht, erste Auffahrt links, nach 3 km links), Ruf 94 36 50.

Bowling

Knyn Bowling Centrum, Scheldeplein 1–3 (S), Ruf 64 22 11
Restaurant und Bowling-Bahn von 10.00–1.00 geöffnet.
Bowling Centrum Flevo, Zeeburgerdijk 265 (O), Ruf 93 98 53 (Rest., Bar). Geöffnet 10.00–02.00.
Bowling Nieuwezijds B.v., Nieuwezijds Voorburgwal 225, Ruf 27 69 97. Geöffnet 10.00–01.00.

Reiten

Amsterdamse Manege, Amsterdamse Bos, Hoornsloot (Amstelveen), Ruf 43 13 42 (Einfahrt Amsterdamse Bos bei Kalfjeslaan).
Hollandse Manege, Vondelstraat 140, Ruf 18 09 42

Segeln

Jachthaven Waterlust, Boeierspad, Amsterdamse Bos, Ruf 44 51 82 (Vermietung von Segelbooten).

Squash

Frans Otten Stadion, Stadionstraat 10, Ruf 72 87 67
Sportcentrum Borchland, Holterbergweg 8–12 (Duivendrecht), Ruf 96 14 41

Rudern

Amsterdamse Bos, Grote Speelweide, Ruf 45 78 31 (Vermietung von Ruderbooten und Wasserrädern).

Motorboot

Jachthaven Berlage, Amsteldijk 132 a (S), Ruf 71 39 36

Angeln

Informationen über das Angeln im allgemeinen und Angeln auf dem Ijsselmeer und der Waddenzee im besonderen sind erhältlich bei:

Hengelsport Vereniging, Nicolaas Witsenstraat 10 (S), Ruf 26 49 88

Theater

Karten-Vorverkauf

Cisca Stadsschouwburg / Ecke Marnixstraat Leidseplein (Z) Ruf 22 90 11	Montags bis samstags von 10.00–18.00 geöffnet. Karten-Vorverkauf für alle Amsterdamer Musik-, Theater- und Ballett-Aufführungen. Auf Anfrage erhält man kostenlos ein Monatsheft mit allen Informationen; VVV-Theaterkarten-Vorverkauf, gegenüber dem Hauptbahnhof, montags bis samstags 10.00–16.00, nicht telefonisch.

Theater-Häuser

Brakke Grond Nes 55 (Z) Ruf 24 03 94	Kassenstunden: 11.00–18.00 Programmbeginn: 20.30 Kneipe und Restaurant (Flämisch)
Carré Amstel 115–125 (Z) Ruf 22 52 25	Kassenstunden: auch sonntags 10.00–19.00 Programmbeginn: 20.15 Das größte Theater der Stadt für Schauspiel, Kabarett, Musical, Tanz. Kein festes Programm.
Mickery Rozengracht 117 (Z) Ruf 23 67 77	Kassenstunden: 17.00–22.00 Programmbeginn: 20.30 Experimentelles Theater, ausländische Ensembles, Bar
Odeon Singel 460 (Z) Ruf 24 97 11	Kassenstunden: 11.00–17.00 Montags Kammermusik, weiter Theater und Jazz Programmbeginn: 20.15

Nieuwe de la Mar Theater
Marnixstraat 404 (Z)
am Leidseplein
Ruf 23 34 62

Kassenstunden: 11.00–17.00, sonntags 14.00–17.00
Montags keine Vorstellung
Programmbeginn: 20.15

Shaffy Theater
Keizersgracht 324 (Z)
Ruf 23 13 11

Kassenstunden: Dienstags–samstags 14.00–19.30
Programmbeginn: 20.30
Kneipe – Restaurant

Stadsschouwburg
Leidseplein (Z)
Ruf 24 23 11

Kassenstunden: 11.00–15.00
Programmbeginn: 20.15
Schönstes Theater von Amsterdam, hauptsächlich Schauspiel; es finden aber auch Opern- und Ballett-Vorstellungen statt.
Plakate mit den Programmen am Theatergebäude.

Theaterstudio Rob van Reijn
Haarlemmerdijk 31 (Z)
Ruf 25 96 46

Puppen- und Pantomimetheater

Ballett

Stadsschouwburg
Leidseplein (Z)
Ruf 24 23 11

Das **Nationaal Ballet** besitzt in diesem Theater ein Studio und gibt hier seine Vorstellungen. Auch das **Nederlands Danstheater** aus Den Haag präsentiert sich hier regelmäßig.

Bühne

Universiteitstheater
Nieuwe Doelenstraat 16
(Z), Ruf 23 01 27

Am Wochenende Vorstellungen von Studententheater-Gruppen und Produktionen von Theaterschulen.

Universitäten und Hochschulen

Universität von Amsterdam

Allgemeine Information
Spui 21 (Z), Ruf 5 25 91 11

Freie Universität

Allgemeine Information
De Boeklaan1105, Ruf 5 48 91 11

Vermietungen/Charter

Fahrrad-Vermietung

Zu erreichen mit den Linien:

HEJA
Bestevaerstraat 39
Ruf 12 92 11
Straßenbahn 13,
Bus 33

Fiets-O-Fiets	Amsterdamse Bos Amstelveenseweg 880–900 Ruf 44 54 73 oder 73 16 26	Bus 65 Central Nederland, 171, 172, 173, 174
Koenders Rent-a-bike	Stationsplein 33 Ruf 25 38 45	Straßenbahn 1, 2, 4, 5, 9, 16, 24, 25
Koenders	Utrechtsedwarsstraat 105 Ruf 23 46 57	Straßenbahn 4

Zoologische und botanische Gärten

Artis
Plantage Kerklaan 40 (Z)
Ruf 23 18 36

1838 eröffneter Zoologischer Garten (nach Berlin und London der dritte Zoo der Welt) mit 1600 Tieren und bekanntem Aquarium. Bauernhof und Mini-Zoo für kleine Kinder.
Anfang Mai bis Ende September 9.00–18.00. Anfang Oktober bis Ende April 9.00–16.30

Hortus Botanicus
Plantage Middenlaan 2 (Z)
Ruf 5 22 24 05

Botanischer Garten der Universitiät mit exotischen Bäumen, Pflanzen und Blumen.
Werktags von 9.00–16.00 geöffnet; samstags und sonntags von 13.00–16.00.

Stadswekerijen-Frankendael
Kamerlingh Onneslaan 3 (O)
Ruf 5 96 91 11

Städtische Gärtnereien. Aufzucht der für die Grünanlagen der Stadt bestimmten Bäume, Sträucher und Blumen.
Samstags und sonntags von Sonnenauf- bis Sonnenuntergang geöffnet. Eintritt frei.

Raum für Ihre Reisenotizen

Anschriften neuer Freunde, Foto- u. Filmvermerke, neuentdeckte gute Restaurants, etc.